21世紀の論語

孔子が教える
リーダーの条件

佐久協

晶文社

装丁／矢萩多聞
本文ＤＴＰ／オリーブグリーン
編集協力／海風社

21世紀の論語

孔子が教えるリーダーの条件

〈目次〉

『論語』の章分けは、岩波文庫『論語』(金谷治・訳注)に従い、読み下し文は現代仮名遣いを用いた。

はじめに

二〇一一年三月一一日の東日本大震災は、津波被害と原発破壊のダブルパンチによって日本社会に敗戦時以来の深刻な打撃を与えました。それに追い打ちをかけたのが、電力会社幹部の迷走と、原発科学者の無責任ぶり、被災者をそっちのけにして足の引っ張り合いを繰り広げた政治家の無策ぶりでした。バブル景気が破綻して二〇年もの永きにわたって立ち直れないでいる日本経済とその間の商品偽造や株の不正取引を目の当たりにして、多くの国民は企業家の質の低下は承知していたものの、科学者や政治家の質までもがこれほど落ちていたのかと暗澹《あんたん》たる思いにかられたはずです。かつては清廉《せいれん》をもって聞こえた官僚も税金流用の利権集団になり下っていたことはすでに明るみに出ていました。

戦後の日本を牽引してきた財界・政界・学界・官僚組織の四本柱のことごとくが崩壊し、もはや日本には未来はないとの悲観の声も聞かれました。

しかし、いたずらに手をこまねいていても始まりません。このような状況に立ち至った責任の一端はわたしたちの側にもあったのです。わたしたちは、知らず知らずの裡《うち》に日本社会をネジ巻きも油差しも必要としない夢のマシーンと過信してしまっていたのです。今や、わたしたち一人一人が、他人まかせにせずに弛《ゆる》みきった日本のネジを巻き直さねばならないのです。

では、どのようにして日本のサビを落とし、油を差し、ネジを巻き直せばよいのでしょうか？その方法がわからないがために多くの人が苛立ち浮き足立っているのが現状でしょう。

ですが、幸か不幸かこうした危機的状況は日本にとって初めての経験ではありません。近い歴史に例をとっても、幕末の黒船来航時も、第二次大戦の敗北時も、似たり寄ったりの状況だったのです。その危機をまがりなりにも乗り切ってこられたのは、当時の政府内や民間に自らネジ巻き役を買って出る気概のある人物がいたからにほかなりません。

彼らに共通のバックボーンとしてあったのは漢籍の素養《そよう》、とりわけ『論語』の教えでした。それが彼らを、ひいては日本を救ったのです。

ではなぜ二五〇〇年も昔の『論語』の教えが有効だったのでしょうか？

それは、孔子が生きた春秋《しゅんじゅう》時代末期の魯《ろ》国が国難の時代だったからです。政争の絶えない不安定な政治情勢、その結果の経済の疲弊、人々が抱える閉塞感や無力感は、危急時の日本と瓜《うり》二つだったのです。孔子はそうした祖国を自らの手で建て直そうと政治家を目指した人物であり、『論語』は彼の言行録です。つまり、『論語』は現存する最も古い危機脱出の手引き書と言ってよいのです。となれば、現在の日本にも利用しない手はないでしょう。

今からおよそ一〇〇年ほど前の一九一六年（大正五年）に出版された渋沢栄一氏の『論語と算盤』も同様のスタンスで書かれたものでした。一九一六年というのは、夏目漱石氏の死に象徴されるように、明治の気風が消え去ろうとしている時期でした。日本は維新以来、西欧を手本に息せき切って走り続け、どうやら近代国家の体裁だけは整えたものの、次なる方針を立てられず、経済界は二年前に始まった第一次世界大戦の成金ブームで拝金主義が蔓延し、政界は西欧が大戦に掛かりきっている隙《すき》に覇権を中国に押し拡げようと前年に「対華二十一箇条の要求」を突きつけて中国民衆の激しい反発を買っていました。そうした財界・政界の迷走と社会の閉塞感を正すために登場したのが、経済界においては渋沢栄一氏の『論語と算盤』であり、政界においては同じ一九一六年に提唱された吉野作造氏の「民本主義」だったのです。本書を「21世紀の論語」と銘打ったのは、現代版「論語と算盤」を意図してのことです。

私はこれまでいろいろな職種のセミナーで講演をする機会がありましたが、たいがいは経済動向や専門技能講義の最終回に付け足し的に人間学を語ってくれとの依頼によるものでした。

しかし、人間教育は、本来はもっと息長く地道に、かつシステマティックに行われるべきものであり、「経営」の根幹に据《す》えられるべきものでしょう。にもかかわらず、短期的に効果の上がる知識の伝達や速効性のある技能習得ばかりが優先され、人間教育は「自己管理」や「自己啓発」の名の下にもっぱら個人まかせにされてしまっているのです。その「自己管理」や「自己啓発」も今や個人が時折り思い立って行うダイエットやジョギングのごとき趣味程度のものとみなされてしまっているのです。

人間学を後回しにしてきた本末転倒こそが日本の長期低迷の主因だったといっても過言でないのです。

中国政治学の古典である『管子《かんし》』には、「一年の計は穀《こく》を樹《う》うるにしかず、十年の計は木を樹うるにしかず、終身の計は人を樹うるにしかず」と書かれています。一年間の安泰を望むなら穀物を植えよ、十年間の安定を望むなら木を植えよ、生涯の繁栄を望むなら人材を育てよ、という意味です。これを企業に当てはめれば、短期の成功を望むならベストセラー商品を造り出すことであり、十年の発展を望むならロングセラー商品を生み出すことであり、企業の恒久的繁栄を望むなら人材開発に力を注げ、となるでしょう。企業に限らず国家においても同様です。立派な個人を育て上げられない企業や国家に永続的な繁栄はありません。

しかし残念ながら、肝心の組織人としての個人の教育方法を系統立てて述べている書物が皆無といってよい状態です。私がセミナーで傍聴した講演や、市販の自己管理や自己啓発本の内容も、その大半は各界で成功した人たちが自分を成功に導いた方法を断片的に語っているに過ぎません。その結果、聴衆や読者はその場では感銘を受けても、いざ自分で実行しようとなると、何をどう始めたらよいのか、とっかかりすらつかめないのです。挙げ句に、成功する人は自分とは異《ちが》うのだと諦めてしまっているのです。高額なセミナー参加料や書籍代を支払って無力感だけを植えつけられるほどバカらしいことはありません。

本書は、誰もができる自己管理や自己啓発方法を具体的に提示した本です。しかも組織人としての出発から引退までの全スパンを一冊で間に合うように段階を踏んで提示したものです。その教えの大半は『論語』の中で孔子が述べているものです。

本書は、これから組織人として生きようとする若者、とりわけ企業や国家の経営を目指す若き男女を念頭に書きましたが、すでに組織で働いている人たちにも十分に役立つはずです。あるいは、組織と無縁と思っている主婦にも役立ちます。家庭も立派に一つの組織なのですから。まずは全体を通読し、次に読者各位が置かれているステップを再読することをお勧めします。各ステップの主要事項は最後に教訓としてまとめておきましたから、それを拾い読みするのもよいでしょう。いずれにせよ、本書が読者に役立ち日本再生の一助になることを衷心より願ってやみません。

二〇一三年一〇月吉日

著者識

The 1st Step

三つの主義

一　『論語』の特色

【なぜ今『論語』か？】　21世紀が幕を開けてすでに十分の一以上が経過しましたが、世界は混沌の度合いを深めています。同時にわたしたちは人類史の最先端に立っているのだから先行きが見えないのは当たり前だとの思いも懐いています。過去の人類の経験や教訓などまったく役に立たない新地点に立っているのだと、半ばウヌボレ、半ば絶望しているというのが正直なところでしょう。原発事故への対応は、まさにその典型でした。

しかし、これまで人類が直面してきた数々の苦難は、いずれも当時の人々とっては人類にとって初めてと思われる体験ばかりだったのです。

それをまがりなりにも克服して人類が今日まで存続しているのは、人類に大きなブレを修正する能力が備わっているからです。言い換えるなら、古今東西の枠を超えて人類を永続させるための普遍的な価値基準が存在しているからなのです。『論語』という書物が二〇〇〇年以上の永きにわたって、危機が起きるたびに読み継がれてきたという事実も、その証拠の一つと言ってよいでしょう。

では、孔子はどうして二五〇〇年も前に、現在でも通用する普遍的な価値を見い出すことできたのでしょうか？

それは、孔子が何か特別な真理や教義を思いつき、それを提唱したからではないのです。

孔子は、弟子に「これから十代先の王朝がどのようなものかわかるでしょうか？」と問われて、

――**わかるとも。これまで夏《か》王朝、殷《いん》王朝、周《しゅう》王朝と三代の王朝が興《おこ》ったが、それぞれの交代期にそれまでの制度の何が廃止され、何が新たにつけ加えられたかを検討すれば、歴史がどのような方向に向かって動いているかがわかる。その方向を見すえさえすれば、十代先どころか百代先の王朝の姿もわかる。**（為政第二―二三）――と答えています。

この極めて合理的な巨視的《マクロ》かつ動的《ダイナミック》な歴史認識こそが、孔子の思想の真髄だったのです。

【当たり前の本】　これまで人類に読みつがれてきた書物には、①人類が実現できそうに見えてできないことが書かれている本と、②いつの時代にも通用する当たり前のことが書かれている本の二通りがあります。①は理想を追い求める人間の習性が刺激されて読みつがれ、②は当たり前のことほど忘れられがちなために読みつがれてきたのです。大多数の宗教書は①に属しますが、『論語』は②の代表格です。

では、①の場合、なぜ書かれていることが実現されないのかといえば、極めて限定された状況下でしか成り立たない真理が、あたかもいかなる状況下でも成り立つかのごとく説かれているためです。しかも大抵の場合、提唱者自身がそうした事実に気づいていないのです。つまり主張そ

のものよりも、提唱者の社会観や人間観に問題があるのです。

一方『論語』は、孔子の言葉や、孔子と弟子たちとの問答が五〇〇余りの短い章句で並んでおり、原文は四〇〇〇〇字の原稿用紙につめ込めば三〇数枚に収まる短編です。内容は、ザッと目を通しただけでは拍子抜けするほど当たり前のことしか書かれていません。

とはいえ、二五〇〇年も前に、現在にも通用する当たり前のことを選び出すという芸当は、そう当たり前にできるものではなかったはずです。では、それを可能にした孔子の人間観や社会観とは、いったいどのようなものだったのでしょうか？　それがわかれば、孔子の教えも極めて容易に理解できますから、ちょっと煩《わずら》わしく思われるかもしれませんが、その簡単な説明から始めることにしましょう。

二　徹底した現実主義者としての孔子

1　感情の尊重

【正直とは？】　孔子を小《こ》うるさい道徳の先生と思い込んでいる読者は、『論語』の次の章句に首をかしげるでしょう。

――**楚《そ》の国の葉県《しょう》の長官が孔子にこう自慢した。「わたしの村には正直躬《しょうじききゅう》と綽名《あだな》されている**

者がおりましてな、父親が迷い羊を自分のものにしようとしたときに、役所に父親を訴え出たんですわ」と。すると孔子はこう応《こた》えた。「わたしの村の正直者はそれとは異《ちが》います。父親は子供の罪を庇《かば》い、子は父の罪を庇います。正直とはそうした情愛の中にこそ宿《やど》るものなのです」（子路第一三―一八）

これでは、孔子は偽証や犯人隠匿を勧めているに等しいではないか――そうした批判が古来よりありました。後世になると中国ではこの章句を根拠に、肉親のために行った犯罪は減刑される慣習が生まれ、それがコネや賄賂《わいろ》を蔓延《まんえん》させ、現在も中国が法治主義国家でなく「人治《じんち》主義」国家だと揶揄《やゆ》される原因になっているのだと孔子を非難する人もいます。しかし、孔子はそうしたマイナス作用も承知のうえで、法律や規則よりも〈人の情〉を重視しているのです。

世界の三大聖人のうち、ブッダ（ゴーダマ・シッダールタ）と孔子はほぼ同時代人であり、ソクラテスは孔子の死後一〇〇年ほど後に生まれていますが、三人の主張を比べてみると孔子の特色が明瞭になります。ブッダならば、父子の庇い合いはもとより、父親が迷い羊を自分のものにしようとした行為そのものを「煩悩《ぼんのう》」として斥《しりぞ》けるでしょう。ソクラテスは、皆で認めた法ならば悪法でも従うべきだと主張して自らの死刑を受け入れたくらいですから、葉公と同じく躬を褒める立場に立つでしょう。

ブッダとソクラテスの共通点は、〈理性〉や〈知性〉の力で、人間の〈感情〉を押さえ込もうとしている点です。二人は、感情に基づく行為を野放しにすれば社会秩序は乱れ、個人の平安は得られないと考えているのです。

これに対して孔子は、諦念や法律によって感情を押さえつけたのでは、かえって本当の心の平安や社会秩序は生まれないと考えているのです。

【意図的な緩《ゆる》さ】 つまり、孔子の人間観および社会観の特色を一言で言えば、「緩《ゆる》い」のです。ブッダを始祖とする仏教も他の宗教に比べれば緩いですし、ソクラテスの哲学も他の哲学に比べれば緩いものです。この緩さは思考の不徹底や曖昧さと誤解されがちですが、人間や社会に注ぐ目のやさしさであり寛容です。三人の思想家がともに寛容なのは、三者とも長寿を保ち、晩年に若い弟子たちを相手に教えを説いているためでしょうが、なかでも孔子は、甘過ぎるのではないか、主張が矛盾しているのではないかと戸惑わせるほど寛容・寛大なのです。つまり「緩い」としか言いようがないのです。ですが、人間の〈感情〉を尊重すれば間口が広がり、許容度も広がるのは当然です。その広さ（＝緩さ）の故に、三人の中でほとんど孔子一人だけが、普通の人が実行可能な――つまり、万人が共有できる価値基準を提唱することに成功しているのです。

2　孔子の道徳観

【道徳とは？】 孔子の「緩さ」は彼の道徳観にも表われています。

――**道徳や規則は、人生の道しるべなのだ。だから、道徳や規則は人が実行できないような人間ばなれしたものであってはならないのだ。**（中庸―第三段第一節）

　これは、孔子の孫の子思《しし》が書いたとされる『中庸《ちゅうよう》』という書物にある孔子の言葉ですが、道徳というと「〜すべし」という頭ごなしの定言命令を思い浮かべる読者には、この孔子の柔軟さは意外に感じられるでしょう。しかし、この柔軟さこそが孔子の真髄なのです。

　では、なぜ孔子は小ウルサイ道徳の先生と信じ込まれているのでしょうか？　それは、孔子の教えが意図的にねじ曲げられたためなのです。

　孔子の教えは、早くも直弟子たちによって歪《ゆが》められており、『論語』に出てくる弟子たちの言葉は、概して偉そうで実行不可能なものが多いのです。さらに孔子の死後三五〇年ほどたった漢王朝の武帝の時代に、武断政治から文治政治の転換に孔子の教えが利用されるようになると、歪みはいっそう激しくなりました。孔子の言葉を権力側に都合よく解釈する御用学者が現れたのです。しかも、その先頭を突っ走ったのが、孔子の一二代目の子孫の孔安国《こうあんこく》でした。彼の解釈がどのようなものであったかを、一例を挙げて説明しておきましょう。

――**君主は君主らしく、家臣は家臣らしく、父親は父親らしく、子供は子供らしく振るまうことです。**（顔淵第一二―一一）

　これは、孔子が斉《せい》国の君主である景公《けいこう》から「政治はどうあるべきか？」と訊ねられた際の返答です。

それぞれが役割分担をきちんと果たしていけば世の中は自然とよく治まるという意味です。じつは、景公は、斉の実力者の崔杼《さいちょ》が君主の荘《そう》公を殺した結果、崔杼によって擁立《ようりつ》された君主でした。荘公は景公の異母兄でしたから、景公は、主君殺しと兄殺しを容認していたわけです。つまりこの章句は、暗に景公の君主としての出自《しゅつじ》を批判しているのです。

ところが、孔安国はこれを——君主が君主らしくなくても、家臣はあくまでも家臣として忠義を尽くすべきだ。（古文孝教典訓伝序）——という意味であると、孔子の真意をねじ曲げて解釈したのです。もちろん父親が父親らしくなくても子供はあくまでも父親に孝行を尽くさなければならないとも主張しました。

孔安国は孔家の当主ですから、その解釈は絶対のものとされ、その後のねじ曲げ解釈のお手本になりました。こうして時代をへるに従って支配者側に有利な『論語』解釈が次々と生まれ、それが集大成されたのが、いわゆる「儒教」なのです。つまり、儒教の教えは、孔子の本来の教えとは極めて大きくズレているものなのです。

儒教が国の正統な教え（＝国教）として広められると、ねじ曲げられた孔子の教えは絶対不可侵の道徳として権威づけられました。その結果、近世になると進歩主義者たちによって、儒教も孔子の思想も十把一からげに個人の自由を束縛するものとして批判・否定されるようになったのです。

孔子の本来の道徳観がそのようなものでなかったことは、冒頭の『中庸』の引用に見られる通りですが、孔子は次のようにも述べています。

――**道徳を広めて世の中を良くするのは人間であって、道徳や規則が自動的に人間や世の中をよくするわけではないのだ。**（衛霊公第一五―二九）

孔子にとって道徳は絶対的な権威などでなく、あくまでも社会を変えるための道具に過ぎなかったのです。

3　孔子の宗教観

【儒教と宗教】「儒教」を宗教と思っている人がいますが、そうではありません。孔子に対する極端な崇拝や、道徳の教条化といった点では儒教は宗教に似ていますが、前世や来世を取りこんだ教義は持っていません。儒教が宗教と一線を画しているのは、何よりも孔子が宗教と距離を置き、非宗教的な立場を鮮明に打ち出していたためです。孔子は弟子の子路《しろ》（＝季路《きろ》）と次のような問答をしています。

――子路　**神霊にはどう接したらよろしいのでしょうか？**

孔子　**まだ人の扱い方も習熟していないのに、神霊の扱いなんか問うもんじゃないよ。**

子路　**死とはなんでしょうか？**

孔子　**まだ生もわからないうちに死なんか問うもんじゃないよ。**（先進第一一―一二）

一見、子路の質問をはぐらかしているように見えますが、孔子はあくまでも現世（＝現在の時間と空間）に足場を置くことにこだわっているのです。その点では、孔子は極めて現代人に近い感覚の持ち主であり、政治的には政教分離主義者だったのです。とはいえ、科学を万能とみなして宗教を全否定するような狭い意味の合理主義者ではなく、先祖や山川の神を祭る行事には積極的に参加しています。

――**先生**（＝孔子）**は先祖の供養をなさるときには先祖がそこにいるかのように振る舞われ、神を祭るときには神が現存しているかのように敬虔《けいけん》に振る舞われた。**（八佾第三―一二）

こうした孔子の態度は、あいまいでどっちつかずだと誤解されがちですが、世の中には宗教を熱狂的に信じ込んでいる者もいれば、適度に信じている者も、まったく信じていない者もいます。そのため、宗教を全肯定しても全否定しても、ともに〈現実〉社会とかけ離れてしまいます。そこで、徹底した現実主義者であることを目指した孔子は、ここでも一見不徹底に見える「緩さ」を発揮しているのです。孔子の宗教に対する基本姿勢は次のようなものでした。

――**神霊は敬《うやま》うが、近づき過ぎないようにする。**（雍也第六―二二）

4 「俗世間」主義

【社会とは？】　最後は孔子の社会観です。中国や日本には古来より人間社会を俗世間として否定し、人間社会に背を向けて自然の中で生活するのを善《よ》しとする主張があります。道家《どうか》の流れをくむ老荘《ろうそう》思想や、仏教の隠遁《いんとん》思想がそれです。孔子は、そうした生き方を全否定してはいませんが、自分はそうした立場を取らないと明言しています。

――**わたしは鳥や獣《けもの》と一緒に暮らすわけにはいかないのだ。人間を仲間としないで誰と一緒に生きていけるというのだ。**（微子第一八―六）

「乱れた世の中を変えようなどと無駄な努力をせずに自然の中で悠々自適に生きればよいではないか」という隠者の誘いに対して、孔子は、――**わたしは、世の中が乱れているからこそ人間社会にとどまって世の中を変える努力をしているのだ。**（微子第一八―六）――と応じています。

〝人は人の中で人となる〟というのが孔子の人間観および社会観でした。世間に背を向けて引き籠もったり、隠遁したところで、人間社会から完全に離脱できるわけではありません。人間である限り、どこにいようと、どんな生活をしようと、広い意味での人間社会にいることに変わりはないのです。

わたしたちは、学校生活を了《おえ》て就職する際に「社会に出る」という表現を使いますが、学校も立派に社会であり、人間はオギャーと生まれた瞬間から人間社会にデビューしているというのが現実です。そうであるならば、人間社会を「俗世間」と呼んで見下《みくだ》したり否定したりするのは間違っている。積極的に人間社会にとどまって、人間社会を変えることなしには個人の平安も、社会の安定も得られない——というのが孔子の根本姿勢だったのです。

さて、以上の（1）緩《ゆる》い道徳観（2）緩い宗教観（3）俗世間の容認の三点が、孔子の現実主義の三本柱なのです。政治家であれ企業家であれ、社会的なリーダーを目指す者は、この孔子の現実主義を見習い、こうした緩い条件の中でも実行できる社会政策や個人計画を立てるべきです。さもなくば、いかなる政策や計画も絵に描いたモチで終わるか、理想に走り過ぎて他人や自分を苦しめる手枷《てかせ》や足枷になってしまうのがオチなのです。

三 個人主義者としての孔子

1 初代の個人主義者

【時代環境】 俗世間主義と並ぶ孔子の思想の特色は、個人主義です。そう言うと、孔子の時代に個人主義などあるわけがない、個人主義は近代になってから生まれた欧米の思想だと反論する人がいますが、そうした考えこそ誤りです。

孔子が生きた時代は、周王朝の力がすっかり衰え、独立した各国も下剋上《げこくじょう》の内乱状態でした。孔子は乱れている祖国を建て直そうと早くから政治家を目指したのですが、彼には家柄も経済力も後《うし》ろ盾もまったくありませんでした。そのような青年が我が身一つで政界に食い込むには、自分の才を頼みとし、個人主義的な生き方に徹し、身分制度や門閥《もんばつ》を打破していくほかなかったのです。

日本では、明治初期に福沢諭吉氏が「独立自尊」のスローガンを掲げて個人主義を広めましたが、福沢氏も地位も金もコネもなく我が身一つで世に打って出ようと志《こころざ》した人物です。頼れるのは自己一身の才覚であり、福沢氏の生き方自体が個人主義の見本となったのは当然だったのです。孔子の場合も状況はまったく同じでした。

個人が社会や国の基本であり、個人が自分の才覚によって世の中を動かすことができると宣言する個人主義思想は、明治時代の若者に熱狂的に支持され、福沢氏が書いた啓蒙書『学問のスゝメ』は人口三〇〇〇万の時代に三〇〇万部も売れたのです。同様に孔子の個人主義的な生き方も、当時の中・下層階級の若者たちの心を捉《とら》え、孔子の私塾は門弟三〇〇〇人と称せられる若者を引きつけたのです。つまり、『論語』とは、二五〇〇年前の『学問のスゝメ』であり、孔子塾は二五〇〇年前の白熱教室だったのです。

2「俗人・俗物」主義

【個人とは?】『論語』には「吾《わ》れ」・「我《わ》れ」・「予《わ》れ」と一人称の出てくる章句が多くあり、弟子の言葉も含めると全章句の一割以上を占めています。その〈われ〉（＝個人）とは、欧米流の〈個人〉とはいささか異なります。とりわけ近代以降の、人間を分析して共通項として抽出した「自我」や「個性」や「無意識」といった抽象的な概念を意味するものではありません。それらすべてを含んだ分析以前の〈生《な》ま身《み》〉の丸ごとのわたしたち一人一人を意味しているのです。

そうした丸ごとの〈われ〉は、欧米の分析科学に馴れた現代人の目には、哲学や科学以前の未熟な個人観と受け取られがちです。しかし、そうした思い込みも誤りです。

孔子の死後一〇〇年ほどたつと、分析理論は中国にも生まれ、何が人間の本質であるのかという論争が起こります。その結果唱えられたのが、「性善説《せいぜんせつ》」や「性悪説《せいあくせつ》」でした。孟子《もうし》は人間の本《ほん》性《せい》は善であると主張し、やや後輩の荀子《じゅんし》は人間の本性は悪であると主張したのです。二人は道徳や教育の重要性を説いているところから共に孔子と同じ「儒家《じゅか》」に分類されており、孟子も荀子も自分こそが孔子の正統後継者であると言い張っています。しかし、もしも孔子が生きて二人の著書を読んだなら、二つながら極論として斥《しりぞ》けたことでしょう。ちなみに孟子は次のように主張しています。

——**生命《いのち》はわたしが欲するところのものだ。正義もまたわたしの欲するところのものだ。だが、もしも両方をともには得られないというのであれば、わたしは断然生命を捨てて正義を取る。生きるのはもとより望ましいことだが、それよりもっと望ましいもの、つまり正義があるからだ。**

だから自分は正義に背《そむ》いてまで生き永らえようなどとは思わないのだ。（『孟子』告子章句上）

その意気やよし、と言うべきでしょうが、これを誰もが実行できる主張なのかと考えると、はなはだ心もとなくなってきます。現に孟子自身ですら、会見した君主の前で正義を説いて受け入れられないとわかると、巨額の旅費を貰ってさっさと引き下がっているのです。それを批判した弟子に向かって、「自分は家臣でないのだから、生命《いのち》がけで君主に正義を実行させる義務はないのだ」とウソぶいている始末です。

現実のわたしたちは性善的な面と性悪的な面の両方を持っています。それを「性善説」や「性悪説」で一面的に割り切ってしまえば、主張は鋭さを増し、表面上は分析的で科学的に見えますが、真理からは遠ざかってしまいます。

【孔子の個人観】　この点でも、孔子はあくまでも現実主義者でした。孔子は人間を一面的に捉《とら》えていません。完璧な聖人になることもできず、といってまったくの悪人でもない、状況に応じて善人と悪人の間をさまよっている姿こそが孔子の捉えた人間の姿だったのです。すなわち、矛盾するさまざまな要素を未整理のまま抱え込んでいる丸ごとの個人、言い換えるなら〈俗人〉や〈俗物〉と呼ばれる〈生ま身《なみ》〉の状態こそが、孔子が捉えた人間の姿だったのです。すなわち、孔子の個人観も極めて「緩い」のです。孔子は、そうした「緩い」つまりは多様な個人が実行できる教えや道徳を説いているのです。

四 教育者としての孔子

1 誰が世の中を変えるのか？

【改革の主役】 では、人間社会が〈俗世間〉であり、人間社会を構成する個人が〈俗人〉や〈俗物〉であるならば、そうした世の中を改善し幸福な個人生活や社会秩序を実現するにはどうしたらよいのでしょうか？　それが、孔子が直面した難問でした。

こうした場合、通常ならば、聖人や英雄といったカリスマ的指導者の出現を期待しがちです。じつは、孔子にもそうした一面がないわけではなかったのです。孔子は堯《ぎょう》や舜《しゅん》といった伝説的な聖王や、魯国の始祖である周公旦《しゅうこうたん》にしばしば思いを馳《は》せています。しかし、孔子が偉大だったのは、そうした夢想に深入りせずに現実主義を貫いた点です。

孔子がたどり着いた答は、俗人であるわたしたち一人一人が世の中を良くする担《にな》い手なのだというものでした。

——**仁**（＝理想世界）**の実現はわれわれ一人一人次第だ。どうして他人まかせにできようか。**（顔淵第一二—一）

欧米の思想では、〈個人〉と〈社会〉とは対立関係にあるものとみなされています。歴史的にみても、権力者は「社会の安定」を錦《にしき》の御旗《みはた》にして個人の自由を抑圧してきました。ですから、社会と個人が対立関係にあるという捉《とら》え方は、現在でも受け入れやすいものです。さらにそこから、「個人が対決姿勢を緩めれば社会は個人を圧迫する。そうさせないためには個人は団結する必要がある」との主張が生まれ、「団結しない限り個人は社会に潰《つぶ》される」↓「個人の力は弱い」↓「個人の力は無である」といった意識までも生み出されてきました。

永年にわたってそうした意識を刷《す》り込まれてきた結果、現在わたしたちの多くは、「個人の力では社会を変えることはできない」と思い込んでいます。「正しい行為をせよ」と言われても、「自分一人が正しい行為をしたところで社会はよくならない」とか「自分一人だけ正しい行為をしていると損をしちゃう」と反論しがちです。あるいは、「そもそも絶対的な正しい行為など存在しない」、「法や道徳は個人の自由を束縛する権力の道具だ」と、正義や道徳の存在自体を否定したりもします。ズルさを身につけることが大人になった証拠とみなされたり、世の中が悪いのは政治が悪いからだ、法律や道徳が不備なせいだといった主張もしがちです。

ところが、孔子の考えは、そうした現代人の考えとは一八〇度異なるものでした。

【個人の力】　人がたった一人だけでも正しい行為をするならば、世の中は確実にその一人分だけ良くなる、というのが孔子の考えだったのです。

——　**仁**（＝理想社会）**の実現は人間の手に及ばないものだろうか？　そんなことはない。わ**

れわれ一人一人が求めれば、難なく実現できるものだ。（述而第七―二九）

世の中を変えるのは政治家の仕事であり、政治は公的世界に属しており、一般庶民が生活している私的世界とは別ものだという〈公《こう》〉と〈私《し》〉を対立させる意識も、現代人に広く深く刷り込まれていますが、そうした考えに対して孔子は次のように批判しています。

――**政治の古典書である『書経《しょきょう》』に、親孝行も兄弟と仲よくすることも政治につながると書かれてあるように、日常生活のすべてが政治につながっているのだ。政治というと政治家や行政官にならないと出来ないと考えるのは大きな誤りだ。**（為政第二―二一）

2 教育の活用

【個人の力の自覚】『論語』に、――**善《よ》い行いをしている者は孤立しない。必ず同調者が現れる。**（里仁第四―二五）――という有名な言葉があります。この言葉をわたしたちは「個人の力は小さいが、諦めずに道徳的行為を続けていれば必ず仲間が現れる」といった痩せ我慢的な意味に受け取りがちです。孔子の一生は苦難と挫折の連続であり、孔子はさぞや個人の無力感にさいなまれていただろうとも想像しがちです。そうした想像もこの章句の解釈に影響を及ぼしているのでしょうが、果たしてそうだったでしょうか？

孔子は、時として己の無力感にさいなまれもしたでしょうが、それ以上に個人の力の強大さに目を見張っていたはずです。世は下剋上の最中《さなか》であり、たった一人の人間が君主や家臣団を押しのけて実権を握り、戦争を起こし、何十万もの人々の生殺与奪の権を握っているのです。それを目の当たりにしていた孔子は、むしろ暴走する個人のパワーをどうすればコントロールできるかを真っ先に考えていたのです。同時に個人に内在している善良なパワーをどうしたら十分に引き出せるかに腐心しているのです。

その結果、孔子がたどりついたのが、一般庶民を教育するという方法でした。

――**人間は生まれつきは似たり寄ったりだが、その後の教育によって大きな差が生じるものなのだ。**（陽貨第一七―二）

これは、福沢諭吉氏が『学問のスヽメ』の冒頭で「天は人の上に人を造らず、人の下に人を造らずと云えり」と述べ、人間は出発点では同一なのに現実の社会に貴賤貧富《きせんひんぷ》の差があるのは、学問があるかないかの差から生じるのだ。だから、大いに学問に励めと学問を推奨したのとまったく同じ主張です。

今でこそ教育によって人々の潜在能力を引き出すのは当たり前の方法ですが、一般庶民には読み書きなど不要とみなされていた時代に、教育によって個人や社会を改善できるとする思想は画期的なものだったのです。とはいえ、この思想は孔子の独創だったわけではありません。建国初期の周王朝の政策です。周王朝の全盛期には村々に庶民を教育する学校があったといわれています。孔子はその政策を蘇生させて実践したわけです。

【リーダーを目指せ】　孔子は弟子たちに「君子《くんし》たれ」と説いています。君子という言葉は現在の日本では死語となっていますが、中国では「君子自重《ジンツーズーチョン》」の標語でお馴染みなものです。デパートやスーパーの万引防止から街角のポイ捨て禁止にいたる公衆道徳を遵《まも》れと呼びかける看板やビラにはこの四文字が書かれてあり、「紳士（淑女）として振る舞え」という意味です。

君子というと、日本では学者的な大人しいイメージを想《おも》い浮かべがちですが、孔子が意味する君子とは、もっと政治色と社会色をおびた活動家です。人々の先頭に立って手本となって人々を導く人であり、現代語に訳せば「リーダー」がピッタリなのです。

一般庶民も教育によって君子《リーダー》になれる。若者は君子を手本に君子になろうと努力する。君子となった者は周囲に感化を与えながら、さらに上の「大人《たいじん》」や「仁者《じんしゃ》」や「聖人」を目指す。そのようにして社会全体が向上していけば、やがては理想社会を実現できる、というのが孔子の社会改造のシナリオだったのです。

3　八条目《はちじょうもく》

【『大学』】　では一般庶民が君子《リーダー》となるには、具体的にどうすればよいのでしょうか？　それを示したのが、孔子の弟子の曽子《そうし》が編纂《へんさん》したとされる『大学』という書物です。『大学』は、リーダーを目指す者が歩むべき道を「八条目」の名の下に八つの段階に整理しています。すなわち、以下の八つのステップです。

①格物《かくぶつ》↓　②致知《ちち》↓　③誠意《せいい》↓　④正心《せいしん》↓　⑤修身《しゅうしん》↓　⑥斉家《せいか》↓　⑦治国《ちこく》↓　⑧平天下《へいてんか》

①格物とは、「物を格《ただ》す」や「物に格《いた》る」と読んで、オギャーと生まれた人間が周囲を観察する段階を指します。②致知は、「知を致《いた》す」や「知に致る」と読んで、観察した物事を体系化して学習する教育段階を指します。

そうして一通りの知識が身についたなら、自分はいったい何をしたいのかを見究《みきわ》める段階に到達します。それが③誠意「意を誠《まこと》にする」ステップです。各自がそれぞれの人生の目標を立てる段階です。

目標が定まったなら、次には目標を達成するための心の準備や精神を鍛《きた》える期間が必要となります。それが④正心「心を正《ただ》す」ステップです。

それが完了したなら、いよいよ実践に乗り出す、いわゆる「社会に打って出る」段階です。それが⑤修身「身《み》を修《おさ》める」ステップです。

④の正心までは頭や心の中での作業が中心ですが、⑤の修身のステップ以降は具体的な実践活動になります。

⑤修身によって社会で一人前として認められ経済的にも自立できたならば、結婚して家庭を築

く段階に入ります。それが⑥斉家「家を斉《ととの》える」ステップです。

国というのは各家庭の集合体ですから、各自が家庭を円満に築けたならば、それはとりもなおさず国の発展につながり、家庭の運営で培《つちか》われた能力は、公共事業や国の経営に応用できます。その段階が⑦治国「国を治《おさ》める」ステップです。

一国がうまく治まったならば、世界は各国の集合体ですから、世界の平和と繁栄につながります。それが最終の⑧平天下「天下を平《たい》らかにする」ステップです。

以上の八段階の流れには、〈個人〉と〈社会〉の対立や、〈私的世界〉と〈公的世界〉の断絶も、〈各国〉と〈世界〉の相異もありません。個人の日常生活の一挙手一投足《いっきょしゅいっとうそく》が、そのまま世界の平和や繁栄に一本道でつながっているという世界観なのです。これこそが、本来の孔子の思想だったのです。

個人が少しでも真・善・美に近づけば、家庭も社会も国家も世界も確実にその分だけ真・善・美に近づいていく。逆に個人が偽・悪・醜に近づけば確実にその分だけ家庭も社会も国家も世界も劣化する。個人の存在や力は決して無でないどころか、極めて絶大な力を秘めたものなのだという主張なのです。「自分は世界とは無関係だから、自分一人くらいが悪事をしたって構わない」という言い逃れはできないのです。むろん老若男女や貧富貴賤を盾にした言い逃れも無効なのです。

福沢諭吉氏は、個人と国家との関係を「一身《いっしん》独立して一国独立す」——わたしたち一人一人が個人として独立することによって、はじめて個人の集合体である国家の独立が達成されるのであり、その逆ではない。――と指摘しましたが、孔子はじつに二五〇〇年も前にまったく同様の真理に到達していたのです。

五 漸進《ぜんしん》主義者としての孔子

1 急進主義の出現

【革命思想】 孔子の死後、「教育による社会改革は、あまりにまどろっこしい」と考える者が現れてきました。先に触れた孟子や荀子もその仲間です。二人は「性善説」と「性悪説」という相《あい》対立する主張をしていますが、短期決戦を唱えている点では一致しています。

孟子は、人間は善を行う能力を持って生まれついているのだから、善を実行しない者は自らを損《そこ》ね傷つけているのだと糾弾《きゅうだん》し、善政を行っていない君主は革命によって排斥してよいと主張しました。革命というと、これまた西欧の輸入思想と思っている読者が少なくないでしょうが、元来は中国産の思想だったのです。一七世紀に入るとイギリスで「清教徒革命」や「名誉革命」が起こりますが、これらは宗教革命であって、一般庶民が国王を倒す「人民革命」理論は、一七世紀後半にルイ一四世の主導でフランスに沸き起こった中国ブームの際にヨーロッパに輸入されたものなのです。

一方、孟子に対抗した荀子は、人間の本性は悪だから、教育や道徳の箍《たが》をはめて矯正すべきだと主張しました。彼の門下からは、秦の始皇帝の独裁を支えた法家の面々が輩出しています。

こうした急進主義が生まれるのには、もちろん理由がありました。戦国時代に入ると君主は速効性のある政策を求めて軍備拡張に走り、孔子が唱えた教育や道徳を柱にした政策に耳を貸さなくなります。そのため孟子や荀子も君主が受け入れやすい短期決戦型の急進主義に傾かざるを得なかったのです。急進主義は積極的な主張に見えますが、実際には受け身に立たされた焦《あせ》りから生み出されているものなのです。

2　孔子の漸進主義

【急がば回れ】　孟子の主張は、学校教育に譬《たと》えてみると、「人間は誰もが数学で満点を取る能力を持って生まれついている。だから満点を取って当たり前、そうでない者は怠けているのだ」というものです。荀子の主張は、「人間は怠け者である。だから成績の悪い生徒には処罰を与えて満点を取らせるようにすべきだ」というものです。一方、孔子は「人間は生まれつきの能力に大差はない。だがその後の環境によって差が出てくるのだから、満点を取れる者は成績の悪い者を指導し、成績の悪い者は成績のよい者を見習って少しでも満点に近づくようにするとよい」と主張しているのです。子供を孟子や荀子のクラスに入れたがる親は多いでしょうが、自分が入るなら、さあ、どちらのクラスを選ぶでしょうか？

「急がば回れ」の確信にもとづく漸進主義が孔子の方針でした。個人の教育に関しても、社会改革に関しても、孔子は拙速を諫《いさ》めています。

——**急ぎ過ぎるな。急ぎすぎれば、結局は目的を達成できずに終わってしまう。**（子路第一三—一七）

二〇世紀は共産主義革命の時代でしたが、共産主義はプロレタリアートを性善、非プロレタリアートを性悪とみなす急進主義でした。その失敗は孔子の「緩さ」と「漸進主義」の正しさを裏づける証拠の一つとみなしてよいでしょう。

六　『論語』と現代

1　儒教と『論語』

【儒教のメカニズム】　孔子の思想が正しく伝わらなかったのは儒教がそれを歪めたためですが、儒教学者は「八条目」も大きく歪めました。孔子の本来の教えは、八条目の③誠意と④正心の二つのステップに力を注ぐものでした。しかし、個人が自分の意思を持ち、心や精神を鍛えることは権力側にとって好ましいことではありません。そこで儒教では、八条目を分割して、「格物・致知」と「修身・斉家・治国・平天下」を二大スローガンにし、「若い時は一心不乱に勉学に励み」「成長したら君主のために尽くせ」と強調し、個人の自主独立を促す③の「誠意」と④の「正心」の二条目を消し去って「六条目」にしてしまったのです。その結果、中国では個人主義思想は、現在にいたるまで非正統思想として権力側から非難され続けているのです。

【誤解の例】 福沢諭吉氏は大の儒教ぎらいとして知られていますが、それを氏の『論語』ぎらいと思い込んでいる人が少なくありません。しかし、福沢氏は少年時代に中国古典に親しみ、一時は漢学の先生として身を立てようと思っていたくらいで、当然『論語』にも精通していたのです。

ただ、福沢諭吉氏も孔子の教えと儒教の教えを混同しているフシのあることは否定できません。福沢氏が塾頭を務めていた大阪の緒方洪庵《おがたこうあん》の塾では、漢方医学や漢学は迷信まがいのものとして見下されており、その影響を受けた福沢氏は『学問のスヽメ』の主張が孔子の主張と瓜二つだとは夢想だにしていません。

逆に福沢氏が孔子を手本にしていたわけでなかったからこそ、福沢氏の言動や心情を見ることによって、二五〇〇年前の孔子の言動や心情を推測することができるというわけでもあるのです。ちなみに二人は、数え年三歳で父親を亡くして母親の手で育てられたり、年長の堅物の兄が一人いたりと、家庭環境までよく似ていたのです。

【西洋の誤解】 マックス・ヴェーバー氏も儒教イコール孔子の教えとみなす誤解をしています。

氏が一九〇四年に出版した『プロテスタンティズムの倫理と資本主義の精神』は、近代資本主義がヨーロッパで形成された理由を、宗教改革によって生み出された新教徒《プロテスタント》の道徳や倫理にあると主張したものですが、ヴェーバー氏は自説の補強のために『論語』を読み、『論語』を首尾一貫した哲学と呼ぶに値しないものとして斥け、プロテスタンティズムだけが資本主義の形成に役だったのだと結論づけたのです。

しかし、氏はその後も『論語』を研究していくうちに、孔子の教えもプロテスタントの道徳や倫理とさして変わらないものであることに気づきました。ですが、全面的に同じと認めてしまうと、プロテスタンティズムの倫理が近代資本主義を形成したとする自説が崩れてしまいます。あるいは、なぜ中国で近代資本主義が発達しなかったのかが問題になってきます。結局、ヴェーバー氏は新たな言及をしないまま一九二〇年に亡くなりますが、氏が孔子の思想と、中国社会に根を張っている儒教とが似て非なるものであることに気づいていたならば、氏の『論語』評価も、近代資本主義に対する見方も随分と変わっていたに違いありません。

一九一六年に刊行された渋沢栄一氏の『論語と算盤』は、孔子の思想が近代資本主義の精神的支柱となりうることを証明した書であると言えますし、ヴェーバー氏の未解決問題に対する回答書と見ることもできるのです。

2　現代における『論語』の意義

【誤解の解消】　さて、以上の（1）現実主義（2）個人主義（3）漸進主義、の三つの主義が孔子の思想の基盤です。この三本柱は現在の社会にも通用します。というよりも、俗世を頭ごなしに否定する理想主義や、個人よりも国家やイデオロギーを優先する全体主義や、人々を煽《あお》り立てる急進主義によっては、個人も社会も共に豊かになれないことが永い試行錯誤の末にようやく二一世紀に入って人類の共通認識になろうとしているのです。

では、そうした共通認識の下で、どのようにすれば普通の個人が、リーダーとなって組織や社会を改善できるのでしょうか？

それでは、いよいよその本論に入っていくことにしましょう。

※

◎The 1st Step のまとめ

教訓1　俗人や俗物によって構成されている俗世間こそが社会の姿である。

教訓2　世界は個人の力によって変えられる。わたしたち個々人こそが世界を変える主役である。

教訓3　急がば回れ。漸進主義こそが改革・改善のための最短・最速の道である。

The 2nd Step

一つの願望

一　意を誠《まこと》にする

1　欲望を持て

【欲望】　1stステップで、わたしたちは孔子の人間観や社会観を見てきましたが、それは八条目の①格物（＝観察）と②致知（＝知識の体系化）の二つの段階に該当する部分です。

孔子は、〈俗人〉よって構成されている〈俗世間〉こそがわたしたちが生きている現実世界であるとみなしましたが、そうした世界の中でわたしたち一人一人が何を目指して生きるべきかというのが、本ステップの主題です。八条目の「③誠意」＝意を誠《まこと》にする段階であり、平たく言えば、俗人であるわたしたちの欲望の問題です。

大多数の宗教家や哲学者は、個人の欲望を悪とみなしてその抑制を主張しますが、現実主義者である孔子は人間の欲望を否定しません。孔子自身は思いやりの行き届いた社会の実現を目指していましたが、自分の願望を弟子たちに強要してはいません。弟子たちはもっと個人的・世俗的な欲望の実現を目指して孔子塾に来ており、孔子は彼らの望みが叶《かな》うように懇切《こんせつ》にアドバイスをしているのです。

八条目の③「誠意」＝「自分の意思や欲望を明白にすること」は、儒教ではタブー視されましたが、正にその事実からもわかるように、「誠意」のステップこそが封建的身分社会（＝服従社会）と近代市民社会（＝契約社会）とを分ける一大分岐点なのです。

近代市民社会は独立した個人の存在なしには成立しませんが、わたしたち一人一人が個人的な欲望を持ち、自らの欲望を自覚し、その達成に向かって行動を起こすことが、とりもなおさず自己の独立意識や自己決定権を確立するということなのです。つまり、個人の欲望こそが身分社会を打ち破った原動力だったのです。だからこそ、封建社会の支配者や、それを支えた儒教学者たちは、欲望そのものを悪とみなし、③誠意の条目の削除に躍起になってきたというわけです。そうした事情は現在でも変わっていません。

ちなみに、福沢諭吉氏は一六～七歳の頃に、八歳年長の兄から「お前はこれから先、何になるつもりか」と問われて、「まず日本一の大金持ちになって思うさま金を使ってみようと思います」と答えて、儒教道徳に凝《こ》り固まった兄にこっぴどく叱られています。諭吉少年のこの世俗的な欲望こそが、氏を身分社会から飛び立たせるバネになったのです。

【欲望の意義】　③誠意が八条目の中で最も重要であることは現在でもまったく同じです。それどころかますます重要性を増していると言えます。現在、日本に蔓延している若者の引きこもりや、それにともなう自傷行為、家庭内暴力、はては自暴自棄の末の大量無差別殺人、あるいは大人のウツをはじめとする精神疾患や自殺の多発――それらすべてが、人生の出発点において自分が何をしたいのか欲望を明白にしてこなかったり、人生の途上において欲望を忘却したツケであるといって過言でないのです。

自分がやりたいことを自覚している者は、まず人生を踏み誤ることはありません。自分の前に立ちはだかる困難に果敢に立ち向かう勇気も出ます。

ところが、誰もが自分の欲望を持ち、それを自由に表明できるようになった現在、自分が何をしたいのかを見極めることが、若者にとってばかりか大人にとっても至難《しなん》の業《わざ》となり、苦痛の種にすらなっているのです。挙げ句に欲望を持たないほうが楽に生きられるからとの理由で③誠意のステップを忌避《きひ》する風潮すら生まれているのです。

自分の意思を見極めた結果、願望や欲望を「持たない」で生きると決意したのであれば、それはそれで立派に意思の確立であり③誠意の一環であると言えますが、自分の欲望を見極める努力を放棄して思考停止するのは、ゴマカシや逃避でしかありません。人の人生はしばしば航海に譬《たと》えられますが、欲望を持たないで生きるというのは、漂流ですらなく、船を朽ち果てさせる座礁《ざしょう》でしかないのです。

さて、そこでまずは、個人が健全な欲望を持つ方法を『論語』から学ぶことにしましょう。

2　三つの「たい病」

【たい病とは？】　古来より人間が罹《かか》る「たい病」として、①金持ちになりたい②出世したい③有名になりたいの三つが挙げられます。金銭欲・出世欲・有名欲の三つです。孔子は、これらを否定しているだろうと考える読者が少なくないでしょうが、そうではありません。①と②に関しては、孔子は次のように述べています。

――**金持ちと、社会的な地位の高さは、誰もが求めたがるものだ。……貧乏と地位のないのは、誰もが嫌がるものだ。**（里仁第四―五）

――**自分の理想が金銭で実現できるものならば、わたしは行列の露払いをする足軽になってでも金を稼いでみせる。**（述而第七―一一）

孔子は五三歳でようやく魯国の司法大臣になれたものの三年ほどで追放され、以降一四年間にわたって近隣諸国に亡命することになりますが、その間の金銭的支えは、商才に長《た》けた弟子の子《し》貢《こう》が大きな役割を果たしていた（『史記』貨殖列伝）と考えられています。その子貢を孔子は、

――**子貢は当てずっぽうに投機をして、しばしば当てる。**（先進第一一―一九）――と評しています。従来の訳では、孔子が皮肉を言っているように解釈されていますが、むしろ孔子の賛辞と読むべきでしょう。孔子は金儲けを頭から否定していませんし、そんな境遇でもなかったのです。

社会的地位に関しては、孔子はほとんど一生の間、熱烈と言ってよいほど政治的地位を求めて

います。

――**自分はよい買い手を探しているのだ。自分の才能をしまい込んでおくわけにはいかないのだ。**（子罕第九―一三）

――**わたしは、人が食べない苦瓜《にがうり》で終わりたくないのだ。**（陽貨第一七―七）

――**ああ、どこぞの君主がわたしを用いて政治を任せてくれないかなァ。たった一年でもいい。もしも三年も任せてくれたなら、びっくりするほど立派な国にしてみせるのだがなァ。**（子路第一三―一〇）

孔子が出世を諦めて私塾を開き、自らの欲望の実現を後生に託すようになるのは、六九歳で故国に戻り七四歳で亡くなるまでの最晩年の五年間たらずのことで、それまでの孔子は古参弟子の子路《しろ》が再三引きとめるほど、なりふり構わずに自分の力を発揮できる地位を求め続けていたのです。

③の有名になりたいに関しても、孔子は意外に思えるほどの言葉を残しています。

――**ひとかどの人物たらんと願う者は、生涯を終えて世間に名を残せないのを無念と思うくらいでなくてはダメだ。**（衛霊公第一五―二〇）

――**四〇歳や五〇歳にもなって、少しも世間に名が知られていないようでは、大した人物とは言えないぞ。**（子罕第九―二三）

こうした言葉を読むと、『論語』の冒頭の――**人《ひと》知らずして慍《いきどお》らず、また君子ならずや。**（学而第一―一）――世間が自分のことを知ってくれなくても怒《いか》ったり怨《うら》んだりしないのは、いかにも立派な態度だなァ。――というセリフは、人知らずして慍《いきどお》らずんば、また君子ならずやと読んで、「世間が自分を知らないことに憤慨しないようでは、ひとかどの人物にはなれないゾ」と解釈するのが正しいのではないかと思えてくるほどです。

そもそも中国では、昔も今も「身を立て、名を上げる」ことは何らやましい行為ではなく、『孝《こう》経《きょう》』では親孝行の総仕上げとみなされ、先祖の名を高からしめる責務とされていたのです。日本でもそうであったことは、現在でも卒業式で唄われている『仰げば尊し』の歌詞に「身を立て名を上げ、やよ励めよ」とあることからも窺《うかが》える通りです。

三つの「たい病」は、現在の精神医学や心理学では「生理的欲求」・「知的欲求」と並ぶ「社会的欲求」の分野に分類され、それぞれ①物質的欲求②権力的欲求③承認の欲求と名づけられてもいます。

3　自分の「たい病」を見極めよう

【欲望の順位づけ】　三つの「たい病」の存在がわかったならば、次に読者がなすべきことは、自分が三つの欲望のどれを、どの程度欲《ほっ》しているのかを確認することです。三つとも同じ程度に望んでいて順位をつけられないと欲張る人もいるでしょうが、一つに絞って自分が何を望んでいるのかを明確にすることが肝心です。そこを曖昧にして出発すると、欲望を達成した段階でしくじることになるからです。

例えば、①金持ちを目指して企業家になった者と、②権力を目指して政治家になった者と、③有名人を目指してテレビタレントになった者がいるとしましょう。三人の主たる活動領域は、「経済領域」と「政治領域」と「文化領域」に分けられます。この三領域は重なり合う部分を持ちながらも対等に独立して社会を構成しています。それが健全な社会です。ですから、金持ちになった者が文化事業に寄付をするのは結構なことですが、金銭で政治や文化を牛耳《ぎゅうじ》ろうとするのは間違いです。政治家が経済領域に乗り込んで金儲けをしたりタレント並の人気取りに走るのも間違いです。あるいはタレントが人気を利用して金儲けに熱中したり、名声を利用して政治家になろうとするのも間違いです。そうした間違いによって、せっかく得た成功をフイにした者の例は枚挙に暇《いとま》がありません。近年の日本社会の劣化の原因の一つにもなっています。そのような誤りをしないためにも、出発時に自分の欲望をしっかりと見極めておくことが肝心なのです。

【たい病の探し方】 自分の「たい病」を見極められない人は、「殺人を犯さずに一生を送ろう」とか「盗みをしないで一生を送ろう」といった当たり前の願いを持ってみるとよいでしょう。大多数の人が殺人や窃盗をせずに一生を終えるでしょうが、意識してそうした生き方をすることは、立派に欲望を果たすことになります。当たり前のことでも意識化すれば、潜在している他の欲望を意識化できるようになります。いずれにせよ、欲望を持つことを悪いことなどと決めつけないことが肝心です。

すでに述べたように、自分の欲望を十分に見極めた結果、「自分は三つのたい病のいずれも欲しない」と言い切れる人は、それはそれで自分の欲望を絞り込めたわけですから、「たい病」以外の方面に自分の目標を探していけばよいのです。

【欲望と適性】　私は永らく高校の教員をしていましたが、その間に「自分は目標を持てない」、「何をしたいのかわからない」と悩む多くの若者と接してきました。彼らがもっともよく口にするのは、「自分の性格がわからない。だから、何に向いているのかわからない。だから、やりたいことが見つからない」というセリフでした。

このセリフは一見もっともらしく聞こえますが、現実には逆立ちした論理です。彼らは、自分の適性がわかれば欲望が生まれると思い込んでいるのですが、欲望とは、本来は自分の性格や能力とは無関係なものであるはずです。「好きこそ物の上手《じょうず》なれ」ということわざが示すように、本当にそれが自分の欲望ならば、性格や才能の不足は時間や修練によって補えるのです。

少々横道にそれますが、教員時代の私は永らく重量挙部の顧問をしており、部員に肩が硬いために記録が伸びずに悩んでいる者がいました。ウェイトリフティングというのは力の競技と誤解されがちですが、力以上にメンタリティーと技術に左右されるスポーツで、自分の体重を遥かに超えるバーベルを持ち挙げる技の習得には肩《かた》関節と股《こ》関節の柔軟さが要求されます。この生徒は大学でも競技を続けたのですが、かつてのソ連でオリンピックコーチが国際セミナーを開くと聞いて思い切って参加してみました。そうして質問の時間に真っ先に手を上げて、「硬い肩を柔らかくするには、どんなトレーニングが有効ですか？」と質問したのです。するとコーチは首を傾げ、通訳を通して何度も聞き返した末にようやく質問の意味がわかり、「肩関節の硬い者がどうして重量挙げをしているんだ！」と語気を荒げて答えたのだそうです。

　かつてのソ連では小学生時代に力が強く肩関節や股関節の柔らかな者だけを集めてオリンピック選手を育てていたので、オリンピックのコーチクラスになると肩の硬い選手などお目にかかったことがなく、肩が硬いという表現すらわからなかったのです。かつてのソ連では、スポーツは国威発揚の政治の一環であり、選手はそのための道具でしたから、興味があるとか好きだという理由で競技を行うことは〝贅沢〟として許されなかったのです。そうしたスポーツ観がスポーツの語源である「気晴らし」からほど遠いものであり、近代市民社会に相応《ふさわ》しいものでないことは言うまでもないでしょう。

　さて、ひるがえって、「自分の性格や能力がわからないから、やりたいことが見つからない」という主張を見てみましょう。この主張も個人の願望よりも適性を優先させている点では、選手を国威発揚の道具としか見ていなかった、かつてのソ連のスポーツ観や人間観と変わりありません。

自由に欲望を持つことを禁じている身分社会的発想なのです。

【性格判定法】　とはいえ、現実に「自分の性格がわからないから、適性がわからない、だから願望を見つけられない」と思い込んでいる者がいる以上、性格を正しく判定する方法を教える必要もあります。

そこで私が勧める方法は、競馬場へ行けというものです。私と競馬との関わりは、かつて出版したビジネス本に書きましたから割愛しますが、私が知る限り競馬ほど自分の性格がわかるものはありません。私はこれまで男女を問わず多くの人にこの方法を推奨してきましたが、感謝されこそすれ苦情を言われたことは一度たりともありません。ギャンブル依存症になった者もいません。ですから、自分の性格を知りたいと思う人は試してみるとよいでしょう。ただし、この方法の難点は、成人の社会人にしかできないことです。学生は成人でも『競馬法』で勝馬《かちうま》投票券（馬券）を買うことを禁じられているからです。

他のギャンブルでなく、人と馬との要素が複雑に絡《から》み合う競馬であることが肝心です。試したい方は、次の三点を厳守してください。

（i）一人だけで競馬場へ行く。

（ii）全額をスッたら、かなりの痛手と感じる金額を持っていく。

（iii）第一レースから最終レースまで立ち合う。

（ⅰ）は、一日中、大勢の観客の中で孤独に過ごすことが絶対条件です。携帯電話の所持も厳禁です。（ⅱ）は、小額では真剣になれないからです。交通費や食費などを別個に持っていかず、その日の損得が時々刻々一目でわかるように一まとめにしておくことが肝心です。（ⅲ）は途中でやめたくなったり、資金不足になったりしても最終レースまで見届けることです。

ギャンブルなどとんでもない、自分は宝クジさえ買わないと言う人もいるでしょうが、それはそれで立派に自分の性格判定になりますから、無理やり競馬場に行くには及びません。ちなみに、孔子はこんなことを言っています。

――腹いっぱい飲み食いをして、一日中ゴロゴロしているというのは困ったものだ。そのくらいなら、まだしも博奕《ばくえき》をするほうがましだ。（陽貨第一七―二二）

博奕とはバクチのことですが、孔子がバクチを口にするわけがないというので、従来の訳では「双六《スゴロク》や囲碁をすることだ」と注釈されていますが、賭け好きな中国人のことですから、双六や囲碁にせよ賭けたに相違ありませんので「バクチをするほうがまだましだ」と訳しても当たらずといえども遠からずでしょう。

4　欲望の探し方

【ボランティアの活用】「何をやったらよいのかわからない」との理由で引きこもっている若者の

多くが、「自分以外の者は確乎《かっこ》たる目標を持って生きているのに、自分だけが持てないでいる」という焦燥感や劣等感を抱いています。しかし現実には、早いうちからやりたいことがわかっている人は少数派でしょう。早く目標を見い出せた人は時間的にも余裕があるので成功する確率が高く、そういう人と比べると、ますます焦《あせ》りや劣等感を抱いて引きこもってしまうのです。

「たい病」を持てない人は、逆に言えば、何をやってもよいわけですから、人に勧められたことや、目先にあることを片っ端からやってみればよいのです。やってみてイヤなら、その分だけ消去法でやりたいことのマトが絞れるのですから損はありません。やる前はイヤだと思っていたことが、やってみると意外に面白いことは珍しくありませんし、そうした仕事の方が、永続きしたり熱中できたりするものです。

すでに願望を見つけて行動している人の仕事を手伝うのも有効な方法です。なかでもお勧めは、ボランテイア活動への参加です。

――**思いやり深い人は、自分が立ちたいと思ったら、まず人を立たせることを先にし、自分が到達したいと思ったら、まず人を先に到達させようとするものだ。**（雍也第六―三〇）

この孔子の言葉はボランティアの勧めというわけではありませんが、人助けは自分助けにつながります。ボランティア活動によって自分の「たい病」に目覚めたり、具体的な仕事を見つけて引きこもり生活から脱出できた若者を私は数多く見てきました。まずは動いてみることです。動けば加速度がつくことは物理学の法則でもあるのです。

【資格試験の活用】 引きこもりの第一世代が今や五〇代を迎えようとしており、改めて社会問題として対策が急がれていますが、私が教員時代に勧めたものの一つに、資格試験の取得があります。現実に資格を取れたか取れなかったかに関わりなく、資格試験の案内本を見て自分が知らない職業がどれほどあるかを知ったり、受験書類を取り寄せる行動を起こすだけでも有益なのです。今では、中学三年生向きに資格取得や職業案内の本が市販されているのは周知の通りです。

5　身分社会へ逆戻りさせるな

【世襲意識の拡大】 自分の欲望を見い出せずに引きこもっている者の大半は、子供時代を親の言いなりに歩まされてきた者たちです。そのまた親も同様です。例えば平均的な男子の場合、三歳頃から水泳・習字・算盤《そろばん》を習わされ、小学校に上がるとリトル野球やサッカーチームに入ります。小学校四年になると、水泳も野球もサッカーも選抜があり、大半の子供は落とされて、最初の挫折感を味わいます。すると親から「スポーツは頭の悪い子がするものだ」と言い含められて、今度は中学受験コースに乗せられます。中学受験に失敗した子供は二度目の挫折感を味わい、合格した者はさらに難関の高校・大学への受験コースを歩まされます。高校や大学受験で失敗すれば「ダメ・ムリ」意識を増大させ、首尾よく大学まで到達した者たちも何のために大学に入ったのかサッパリわからない状態に陥《おちい》っているのです。子供が自前の欲望を育てる時間や機会が奪われている社会は、引きこもり製造所といって過言でないでしょう。しかも親はよかれと思ってやっているのですから、悪循環を断ち切れないのです。

生きるというのは、自前の欲望を持つことと同義です。自前の欲望を持っていない者は、子供も大人も真に生きてはいないのです。

私は生徒や学生に、親の言いなりになるなと言い続けてきましたが、私が退職する頃には、親が勧める職業に就《つ》いたり、親が希望する会社に入ることを自分の「やりたいこと」と何の疑いもなく思い込んでいる者が増殖していました。

私が勤務していた学校は政界・財界・芸能界の二世や三世が数多く在籍しており、彼らの多くが大学卒業後に親の職業や、親が提供した職業に就いています。いわゆる世襲です。ところが、世襲を後《うし》ろめたいと考えたり、多少なりとも忸怩《じくじ》たる思いにかられている二世三世は、まず皆無です。「親の七光も実力のうち」というのが、彼らの共通の認識なのです。彼らは生まれ落ちた時から社会的・経済的に極めて有利な立場に立っているのですが、逆に二世や三世に生まれついたことがどれほど大変なことかをしばしば口にします。言うなれば、自分たちを被害者や犠牲者とみなしているのですから、世襲によって社会や同世代に害を与えているなどとは思いつきもしないのです。

一方、一世や二世である彼らの親は、「自分は子供をデビューさせているだけで、後は本人の実力次第なのだから、子供を甘やかしているわけではない」、「子供が親と同じ職業に就くのを禁じるのは憲法で保障されている職業選択の自由に反する」、「世襲を禁じたならば、商店や農家は成り立たない」などの口実の下に、これまた世襲を悪いこととはまったく考えていません（ちなみに憲法第二二条は「何人も、公共の福祉に反しない限り」という但《ただ》し書きの下に「職業選択の自由を有する」と表記されているのです）。

世襲を是認する意識は今では中流階層にまで蔓延し、普通のサラリーマン家庭の生徒が大卒後に親と同じ会社に就職することも珍しくなくなっています。私が勤務していた学校法人でも、小学校から大学にいたるまで二世や三世教員がウヨウヨといます。

【社会の劣化】　このまま世襲が拡張していけば、日本は再び身分社会に逆戻りするでしょう。昨今の日本はすでにそうした状況に陥っているとさえ言えます。かつて日本の政治家の世襲体質を批判していた米国でも、ブッシュ二世大統領に象徴されるように二世や三世議員が増殖していま す。先進国で加速している貧富の二極分化も身分社会への逆戻り現象です。こうした流れを阻止するためにも、わたしたち一人一人が自前の欲望を持ち、欲望達成の行動を起こし、社会を活性化することが重要なのです。つまり、「③誠意」のステップの再確認と実践が不可欠なのです。

二 手段と目的

1 手段と目的を転倒させるな

【逆《さ》か立ち理論】　三つの「たい病」のいずれを目指すかが定まったならば、次に、改めて何のために目指すのかを見極めましょう。

孔子は三つの「たい病」を認めていますが、ただ金儲けをすることや、ただ出世を望むことや、ただ有名になることは否定しているのです。

金儲けに関しては、こう言っています。

――**利益を上げることだけを目的に行動すれば、怨みを買うだけだ。**（里仁第四―一二）

出世に関しては、こう言っています。

――**ロクでなしとは一緒に勤めはできんよ。出世できないうちはグチばかりこぼしているくせに、少しばかり出世しようものなら、その地位を失うまいと、どんなことでもやらかしかねないのだから。**（陽貨第一七―一五）

名声に関してはこんな発言をしています。

――**ただ人を押しのけて名声を得たところで、それがいったい何になるだろう。**（里仁第四―五）

孔子が①金銭、②地位、③名声の三つの「たい病」を肯定するのは、あくまでも正しい方法すなわち公共の福祉に反しない方法によって、それらを得ようとする場合のみです。

――**不正な方法で得た富や地位など、わたしにとっては空に一時《いっとき》浮かんでいる雲のように、たわいなく儚《はかな》い存在でしかない。**（述而第七―一五）

では、三つの「たい病」はどうして世間から非難されるような不正なものになりがちなのでしょうか？

それは、「手段」と「目的」を転倒させたり、「結果」と「過程」を混同するためです。

金銭は、何かをしたいから儲けるのであって、金銭はあくまでも手段であって目的とすべきものではありません。ところが金儲けを始めると、たちまち金銭のコレクターになって、金儲け自体が目的となってしまうのです。挙げ句に、集めた金銭を何に使ってよいのかわからず、行きもしない別荘や、乗りもしないクルーザーや自家用ジェット機を買い込んだりすることになるのです。あるいは財産を奪われはしないかと人間不信に陥ったり、金銭が一銭でも減るのを恐れて守銭奴呼ばわりされるのです。これでは何のための金儲けかわかりません。

出世も、地位や権限を得て何ごとかを成そうとするから望むべきものであって、ただ地位や権限を得たいというのでは、やはり目的と手段が転倒しています。日替わりメニューのように交替した日本の首相たちは、何をしたいかわからずに最高権力の座についた典型と言ってよいでしょう。

名声も、世間が注目するに値する仕事をなしとげた結果として得られるべきもので、ただ有名になることを目的とすれば、売名行為に走るのがオチです。

孔子はこう述べています。

——**国にロクな政治が行われていない時に、金持ちであったり高い地位に就いているのは、悪い社会に加担しているのだから恥と思うべきだ。**（泰伯第八—一三）

——**金持ちになりたい、出世をしたいと思うのは、人間の自然な情だ。しかし真っ当な方法で得るのでなくてはつまらんじゃないか。貧乏で下積みの生活は誰だって嫌がるものだ。しかし、正しい行為をしていながら、なお貧乏であったり、出世ができないのであるならば、その境遇を敢然と引き受けて楽しもうじゃないか。**（里仁第四—五）

手段と目的の転倒の愚かしさは、日本でかれこれ三〇年以上も続いているダイエットやジョギングなどの健康志向ブームを見るとわかりやすいでしょう。本来はダイエットやジョギングは健康のために行うものです。ところがそれ自体が目的となり、拒食症や膝の故障といった不健康を生み出しているのです。さらにはニセ痩せ薬で死亡したり、「健康のためなら生命《いのち》もいらない」という言葉が冗談でなくなっているのです。

【欲望の目的】　福沢諭吉氏は一六〜七歳の時に「日本一の大金持ちになって思うさま金を使って

みたい」と言っていますから、金銭集めが目的でなく手段であることを理解していたわけです。氏は教育事業のために金銭を使おうと考えて、『学問のスヽメ』で得た巨額の印税をすべて教育に注ぎ込み、晩年には各種の科学研究をしている学者のパトロンになることを夢見ています。

しかし、何も高尚な目的だけを目指すにはおよびません。〝公共の福祉に反しない限り〟私利私欲を満たすための金儲けでも一向に構わないのです。

自分の欲望が正当なものであるか否かを判定するには、欲望を達成できた先を考えてみることです。例えば、豪邸を建てることを目的に「金儲けをしたい」と欲望した人は、豪邸を建てた後に何をするのかを考えてみるのです。「出世したい」を選び、社長になることを目標とした人は、社長になった後に何をするのかを考えてみるのです。名声を選んだ人も、有名になった後に何をするのかを考えるのです。目的達成の次を想《おも》い描けたなら、それは正当な欲望ですから、その目標や目的をノートに記しておきましょう。

こうして自分の欲望とその理由を明確に記すことができたならば、欲望達成のために自分が今何をなすべきかを逆算できるようになります。欲望と貪欲《どんよく》の異《ちが》いも自ずと見えてきます。その時点で、「たい病」は病《やまい》でなく、「生きがい」に変化するのです。

【注意点】　ただしあまり先走って、「何のため、何のため」を繰り返して、欲望を持つこと自体が虚《むな》しくなるような地点まで突き進まないようにすることです。これも引きこもりや生真面目《きまじめ》な者が陥りがちな誤りです。人生はいわば「過程」なのですから、あまりに先走り過ぎて「どうせ死ぬのだから」と思うようになっては元も子もありません。それも「過程」と「結果」を転倒させている誤りです。

2　欲望は実現する

【欲望の堅持】　東日本大震災以来、若者に「足《た》るを知れ」、「清貧に甘んじよ」と説教をする識者がいますが、そうした発言は忠告めかした態《てい》のよい若者イビリやイジメでしかありません。若者が正社員になれない状態を放置しておいて「自己責任だ」とウソぶいている政治家や企業家の発言と同列のものです。まずは識者自身の現在の物質的環境を開示してから発言してもらいたいものです。

いずれにせよ、欲望を頭ごなしに否定する説教に迷わされないようにすることです。

欲望は途中で変えても構いませんが、あまりに頻繁に変えていては当然のことながら達成は困難になります。しかし人の欲望は時々刻々変化しますから、時折りは立ち止まって自分が①何を②何のために欲しているのかを点検することは必要です。例えば、すでに会社で仕事をしている人ならば、家族を養うための金儲けか、出世が目標か、仕事で認められたいのか……など、改めて欲望と優先順位を明確にしてみるのです。八条目のすべてに共通して言えることですが、漠然と思っていたり、あやふやなままにしている思いを、明確にして自覚することが肝心なのです。それだけでやる気が生じ、目的と手段の転倒防止にもなるのです。

【欲望の実現】「でも、どうせ望んでも叶《かな》うわけがない」と反論する人がいますが、「念ずれば叶う」という言葉があるように、何事も欲望しなければ叶いません。

では、なぜ「念ずれば叶う」と言えるのでしょうか？

二〇世紀に先立ち、米国や日本の新聞社が「実現させたい人類の夢」という企画をしていますが、テレビやテレビ電話、飛行機での世界旅行や月への到達など、似たり寄ったの夢が並んでおり、その大半が実現しています。これは正に「念ずれば叶う」を立証していると言えますが、もう少し穿《うが》った見方をすれば、人間は実現できる程度の夢しか空想できないのです。ですから、個人の場合でも、明確に描かれた欲望は、当人の実現可能な範囲のものなのです。

かりに達成できそうになくても、欲望を持ち続けているだけでも社会の活性化に役立ち、身分社会への逆行防止の歯止めになっているのですから、達成できそうにないからとの理由で、欲望を持つこと自体を放棄するのは大きな誤りです。

欲望は自分の意思ですから、周囲の空気を読んだり世間に同調して引っ込めたりする必要はまったくありません。孔子は次のように言っています。

――**どれほどの大軍で護られている大将でも、力づくで奪い取ろうとすれば奪い取れないこと**

はない。しかし、たった一人のひよわな人間であっても、その人の志《こころざ》しを力づくで奪い取ろうとしても奪い取れるものではない。（子罕第九―二六）

いったん自覚された欲望は、いくらでも強く大きく育てられるのです。

さて、こうして欲望を持つことの㈠個人的な大切さと㈡社会的な大切さ、の二点が理解でき、㈢自分自身の欲望を一つに絞り込めたなら、八条目の③誠意のステップは修了できたとみなしてよいでしょう。

※

◎The 2nd Step のまとめ

教訓4　明確で具体的な欲望を持とう。

教訓5　手段と目的、過程と結果とを転倒させないようにしよう。

The 3rd Step

四つの心《しん》

一　心《こころ》を正す

【正心《せいしん》とは？】　欲望が定まったなら、欲望達成に向けて心の準備をする段階が「④正心」のステップです。

古来より「真善美」や「清く正しく美しく」といった標語がありますが、孔子は、――**邪心がない。**（為政第二―二）――ことを高く評価し、――**近道や裏道を学ぶことに熱を入れるのは百害あって一理なしだ。**（為政第二―一六）――と述べ、正攻法で事に当たるようアドバイスしています。

欲望達成の場合も同様です。わたしたちはズルをしたり楽な方法で成功している人を見ると、ついつい正攻法をとっているのがバカらしくなったり、ズルを身につけようとしがちですが、孔子の時代もそうだったとみえ、孔子は弟子たちにこう諭《さと》しています。

――**人間は真っ直ぐに生きるようにつくられているのだ。それを歪めて生きているのは、たまたま一時的にまぐれ当たりで生きているに過ぎないのだ。**（雍也第六―一九）

孔子は、「目的は手段を正当化する」や「結果オーライ」という生き方を否定しているのです。汗水垂らして山頂にたどり着いた時の喜びは、ロープウェイでひょいと山頂に降り立った時の喜びとは比べようがないことを知っていたのです。

孔子が提唱する「正心」は、以下の四点に要約できます。Ⅰ好奇心、Ⅱ向上心、Ⅲ自立心、Ⅳ持続心、を高めるの四点です。この順に見ていきましょう。

二　四つの心《しん》を高めよう

Ⅰ　好奇心を高める

1　頭だけでなく手足を使え

【好奇心とは？】　好奇心が年齢とともに急速に失われていくものであることは、多くの人が経験しているところでしょう。気がつくと、「ああ、昔はあんな夢を持っていたなァ」と慨嘆するようになっています。そうならないためには、意識的に欲望に対する好奇心を①深め、②拡《ひろ》げる、二つの作業が必要です。

例えば、家を建てたいために金儲けをするのだと決めた人は、建てたいと思う家の外観や間取りを詳細に描いてみるのです。頭の中で空想するのでなく、ノートを広げて実際に手で描くのです。好奇心というのは放っておけばどんどん薄らいでいくものですが、目や耳や手足を総動員すればどんどん高められていくものです。とりあえず金を儲けて、あとは建築家にまかせればよいといった程度の思い入れでは、家を建てることは不可能です。かりに建てられても満足な家にはならず、何のための金儲けだったのかと後悔するハメになります。足を使って家を見に出かけたり、できるなら設計図面を自分で引けるくらいの技能を身につけるのです。欲望が具体的になればなるほど、欲望達成の手段である金儲けにもメリハリが出てきます。

出世したい、有名になりたい場合も同様です。社長になった自分や、有名人になった自分を具体的に描写してみるのです。そのためには、現実の社長や有名人に好奇心を向け、彼らがどのようにして社長やスターになれたのか、現在どのような生活をしているのかを観察し記録することが不可欠です。

【好奇心の拡張】 欲望達成のための方法に対する好奇心が深まったなら、次には好奇心を周辺に拡げてみましょう。発明や発見は、一見まったく無関係と思われていたことがヒントになって達成されることが稀《まれ》でありません。好奇心を拡げるということは、脳の網目を広げることですから、目的達成のためばかりでなく、達成後の生き方にも有益です。

日本では高校時代に進路を文系と理系に二分し、大半の人は好奇心を一方に限定してしまいますが、それでは網目づくりを放棄しているようなものです。どのような仕事であれ大きな成功を収めるには、専門領域に対する深さだけでなく、専門外に対する広さが不可欠なのですから、無関係と思える事柄に関しても、漠然とでもよいから目や耳を意識的に開いておくことが大切なのです。

2　人間とりわけ自分自身に興味を持とう

【人間に対する好奇心】　どの道であれ成功した人物に会って気づくのは、人間に対する好奇心が旺盛なことです。とりわけ創業者は人間に対する好奇心が人一倍強く、彼らの多くが愛読書として戦国時代や幕末動乱期の人物伝を挙げています。成功が人間関係や人材づくりにあることを苦労体験で熟知しているからでしょう。ところが二代目や、大企業のいわゆるサラリーマン社長となると、人間に対する関心や好奇心は概して薄く、愛読書として挙げるのはもっぱら専門分野の書物に限られています。

トップが人間に興味を持たない組織では、従業員同士も互いの関心を待たなくなり、仕事のやり取りも隣の席にいながらパソコンを通して行うようになり、その結果コミュニケーションやチームワークが崩壊し、そうなれば当然のことながら組織の存続も危うくなります。

【人間通】　孔子は六九歳で亡命生活を終えて故国の魯に帰り、亡くなるまでの四年間、私塾を開いて弟子を養成しましたが、生涯に教えた弟子は三〇〇〇人と言われています。「三」というのは中国では「たくさん」を意味しますから実数ではないにしても、一〇〇〇人単位の数ではあったのでしょう。当時の中国の総人口は五〇〇〇万人前後と推測されていますから、孔子は教育産業の一大成功者だったわけです。その基盤にあったのは、孔子が生涯にわたって人間に対する好奇心を持ち続け、当代随一の人間通として知られていたからです。孔子はこう述べています。

――**他人が自分を認めてくれないのをグチる前に、自分が他人を知ろうとしていないことに気づくべきだ。**（学而第一―一六）

孔子は弟子の樊遅《はんち》に「知とはなんですか？」と問われて、――**人を知ることだ。**（顔淵第一二―二二）――と答えてもいます。孔子は「人生は、人間とは何かを知るためにあるのだ」とみなしていたようです。ですから、世俗を否定して山野にこもったり、ましてや自殺をするなどということは、孔子にとっては人生の意義そのものを否定する、あってはならない行為だったのです。

【自分への好奇心】　人に対する好奇心は、身近な人に対するほど失われがちですが、その最たるものが自分自身に対する好奇心です。引きこもりの若者は社会に目を向けず自分自身のことばかり考えていると誤解されていますが、私が接した引きこもりの若者たちは目を外にばかり向けて、自分自身に対する好奇心はまったくのゼロ状態でした。

じつは、「社会に目を向けろ」、「自分のことばかり考えるな」といった教育そのものが、若者に自分自身を見つめる機会を失わせ、結果的に自分を見失い、目を社会に向けるエネルギーを奪い去ってしまっているのです。もっと自分自身に興味を持つように教育が改善されたならば、引きこもりの最大の原因であるイジメも激減するでしょう。自分に興味を持てば、人に干渉してイジメているヒマなどなくなるからです。

多くの大人は、自分が子供時代の自分とは異《ちが》っていることを自覚しています。ですが、変化は大人になってからも起き続いているのです。

中国の戦国時代の兵法家である孫子《そんし》は、――**彼を知り己《おのれ》を知れば、百戦して殆《あや》うからず。**(『孫子』謀攻第三)――**相手を知り自分自身を知れば全戦全勝できる。**――と述べ、相手を知って自分を知らないと勝敗は五分五分になり、相手のことも自分のことも知らなければ全戦全敗となると説いています。しかし、人を評価する自分の眼力や基準値は年齢や環境によって変化しているのですから、彼を正確に知るためには、まずは自分自身を正確に知っていることが肝心なのです。そのためには、好奇心を活性化させて自分自身に興味を向けられるようにしておくことが肝心なのです。西洋にも――**汝《なんじ》自身を知れ**――という言葉がありますが、主旨はまったく同じです。

【好奇心の意義】　精神的に老いるというのは好奇心を失うことであり、好奇心を失えば肉体的な老いも早まります。つまり、好奇心を持つということは、欲望達成に役立つばかりでなく、生命エネルギーの活性化にもつながるのです。孔子の一生は苦難と挫折の連続でしたが、孔子は数え齢《どし》七四歳という当時としては超高齢になっても精神的かつ肉体的な若さを保ち、次世代の若者を教育する情熱を失いませんでした。それというのも孔子が若い時から人間に対する好奇心を持ち、他人と自分自身の双方に対する好奇心を維持する努力を怠らなかったからにほかならなかったのです。

(1) 自分の欲望に合わせて好奇心を①物→②人→③自分自身へと、深めかつ拡げていこう。

(2) 思ったり考えたりしたことを可能な限り具体的にノートに記そう。

(2)は、疑問点を書いておくだけでも構いません。疑問点が明確になれば、半分は解決できたようなものなのです。睡眠中に見た夢を思い出して記すのも有効です。そうすることによってありきたりな夢解釈でなく、自分独自の夢と体調との関係や、潜在意識を知ることができるようになると説く研究者もいます。

Ⅱ 向上心を高める

1 向上心は誰にでもある

【向上心とは?】 向上心とは、やる気=ファイトのことです。自分は向上心に欠けていると公言する人がいますが、好奇心は同好の士がいると維持しやすいように、向上心もライバルの存在によって高めることができます。ライバルは、なにも顔見知りである必要はありません。孔子はこう述べています。

——**優れた才能を持つ者を見たら、自分もああなりたいとヤル気を起こし、劣った者を見たら、自分もああではないかと反省してみるとよい。**（里仁第四―一七）

ライバルは現存する人でなくてもよいのです。歴史上の人物を自分のライバルとみなしてもよいのです。

成功している他人を羨《うらや》むというのも、それを向上心に転化できれば決して悪いことではありません。誰もが多少なりとも他人を羨んだり嫉《ねた》んだりした経験を持っているでしょうが、それは、人間が生得的に向上心を持っている証拠とも言えるのです。

しかし、残念ながら向上心も大人になるに従って急速に失われていくものの一つです。羨ましいと思っているうちはまだファイトが残っている証拠ですが、やがては羨む気力すら失い、自分を負け犬と蔑《さげす》むようになったりしがちなものです。

羨ましさを向上心に転化する方法は、好奇心を高める際の方法と同じく、ノートにいったい何を羨ましいと感じているのかを具体的に書き記してみることです。そうすれば、本当に羨む必要があるものなのか、羨むに値するものならば、どのようにすれば自分もそれを獲得できるのかの算段を具体的に検討できる段階に入れます。

ともかく、ただ漠然と思っているだけでは「正心《せいしん》」に値しません。漠然とした思いを具体化することが「正心」のステップにおいての基本中の基本なのです。

【向上心つぶし】日本人、とりわけ若者の自己評価の低さは、各種の国際調査でも指摘されている通りですが、その主たる原因は、わたしたちが永年にわたって受けてきた①画一教育と、②詰め込み教育と、③欠点排除型教育の三点セットにあります。

①画一教育によって人と異なる振る舞いが排除され、②詰め込み教育によって自分で考える余裕を奪われ、③欠点排除型教育によって自分の長所を見失わされ、気がつくと指示待ちやマニュアル遵守《じゅんしゅ》の従順な大人になっているというわけです。

そうした人間――権力者にとって都合のよい「臣民《しんみん》」を造り出すことが儒教教育および明治時代中期以降のわが国の教育の目的だったのです。

じつは、日本は明治維新でいったん儒教教育と訣別して独立自尊の個人を造る自由主義教育に乗り出したのです。明治五年（一八七二年）発布の「学制」は『学問のスゝメ』の精神の引き写しと言ってよいほどで、明治一二年（一八七九年）の「教育令」は米国流の自由主義を目指すものでした。ところが、明治一四年（一八八一年）の「官有物払い下げ事件」の際に独立自尊教育を受けて育った役人が政府の言いなりにならなかったことに泡を喰った政府が、明治一九年（一八八六年）に「学校令」を発布し、東京帝国大学を中核に据《す》えて従順なる「臣民」を造る儒教教育に逆戻りさせてしまったのです。その影響が現在に至るまで尾を曳《ひ》いているというわけです。

【大志の変遷】　誰もが知っている「少年よ、大志を抱《いだ》け」という言葉は、明治政府のいわゆるお雇い外国人教師の一人であるマサチューセッツ農科大学長のウィリアム・クラーク博士が、八ケ月間の日本滞在を終えて帰国する際に、見送った学生たちに贈った言葉です。明治九年（一八七六年）、明治維新から九年目を迎えようとする時期のことでした。見送ったのは札幌農学校の一八〜九歳の多感な若者たちです。

それから二〇年余りが経過した明治三一年（一八九八年）に、福沢諭吉翁がほぼ同年齢の慶應義塾の学生に向かって、「ひそかに大きな志《こころざし》を持て」と訓話しています。諭吉氏が亡くなる三年前の六四歳の時のことです。クラーク博士はすでに一二年前に亡くなっていました。諭吉翁は、なぜ大志でなければいけないのかに関して、「小さな志では道草をしても大丈夫だという怠《なま》け心が生じるからだ」と解説しています。「ひそかに」に関しては、「やたらに口外すると、世間から常軌《じょうき》を逸《いっ》していると見られたり、自身も大言壮語《たいげんそうご》で終わりかねないからだ」と説明しています。

これも穿《うが》った見方をすれば、クラーク氏の時代の学生は、まだ儒教道徳の影響が強く残っていたために「大志」を抱けずにおり、福沢氏の時には「学校令」によって自由主義教育が廃されて一二年たち、復活された儒教道徳が再び世間に広く深く根づいて、「大志」を大っぴらに語れない状況になっていたとみることができます。

身分社会では一般庶民が大志を抱くことを禁じており、儒教の説く向上心とは、もっぱら「臣民」

同士を競い合わせて、権力批判に向かうエネルギーを削《そ》ぐことに主眼が置かれていました。その典型が中国で行われていた超難関の官僚採用試験である「科挙《かきょ》」です。唐の太宗《たいそう》は、科挙の合格者が意気揚々と官庁から退出するのを見て、「天下の英雄豪傑を骨抜きにして、みな吾が袋の中に収めることができた」とほくそ笑んでいます。

残念ながら、現在の日本の教育制度はいまだに科挙の縮小版でしかありません。有名大学に入学すること自体が目的とされ、入学した時点で若者のエネルギーは枯渇して勉学の目標も意欲も失われてしまっているのです。

2 自発の尊重

【孔子の教育】 孔子の教育方針は、儒教の教育方針とは正反対のものでした。孔子が教育において何よりも重んじたのは、儒教が禁じる〈自発性〉そのものだったのです。

――**理解したいと悶《もだ》えているような状態でないと教えても無駄だし、わかりかけて口をモグモグさせているような段階でないと導きようがない。四角の一隅を教えたなら、残りの三隅は自分で類推するようでなくては、教え甲斐《がい》がない。**（述而第七―八）

――**どうしよう、どうしようと自問自答するような状態の者でないと、どうにも指導のしようがないやねェ。**（衛霊公第一五―一六）

いずれも、孔子が自発性の価値を述べている章句です。

孔子の教育は、画一教育とも正反対でした。孔子は一人一人の弟子の個性に合わせて教え方を異《ちが》えてもいます。そのため、同じ質問に対して矛盾とも受け取れる回答をしており、それが『論語』を難しいと思わせる原因になっているほどなのです。

詰め込み教育に関しては、こんな章句があります。

――**最古参の弟子の子路は、孔子から聞いた教えがまだ身につかないうちは、さらなる教えを聞くのを恐れ避けた。**（公冶長第五―一四）

子路は詰め込み教育になるのを自ら拒否し、その態度が賞讃されているのです。

欠点削除型教育に関しては、孔子と弟子の子貢とのこんな会話があります。

――子貢　**貧乏でも卑下しナイ、金持ちでも高ぶらナイというのは、どうです。なかなか立派な態度でしょう。**

孔子　**まあな。だが、ナイナイづくしでなく、貧乏でも道を楽しむ、金持ちでも礼儀を好む者には及ばんな。**（学而第一―一五）

子貢は商才に長《た》けた金持ちでしたから暗に自画自賛しており、それを孔子がたしなめているのですが、欠点を押さえ込んだり否定することよりも、美点を獲得したり長所を伸ばすことを善《よ》しとする孔子のプラス思考的教育の真髄が読み取れる章句です。

3　自分を愛せ

【見限るな】　では、どうすれば自発性やプラス思考や自分の長所を伸ばすことができるのでしょうか？　孔子は弟子に「自分を見限るな」とアドバイスしています。

――　**力不足というのは、やれるところまでやって倒れた者が言うセリフだ。お前はやりもしない前に、デキナイと自分で自分を見限ってしまっているではないか。**（雍也第六―一二）

わたしたちにも耳の痛い言葉です。やる前から「ダメ、ムリ」と思いこんでいたのでは、できるものもできなくなってしまいます。向上心も「念ずれば叶う」と同じことなのです。

スポーツで一人が記録を破ると、次々に記録を更新する選手が出現するのは、ダメムリ意識のストッパーが外れたためだと言われています。日本の教育は、残念なことに現在も生徒や学生の欠点を指摘し、欠点を取り除くことを善しとする欠点排除型の否定主義教育が主流を占めています。そうした教育は、天才や、すでに才能を開化した大人にとってはよいかも知れませんが、子供にとっては自信や向上心を失わせるだけのものです。

【自愛の心】　では、すでに否定主義教育で育ってしまった者が「ダメ・ムリ意識」をなくすにはどうしたらよいのでしょうか？

孔子は、人が一生守るべき一語として、「**恕**《じょ》」（衛霊公第一五―二四）を挙げています。「恕」とは「思いやり」の意味です。わたしたちは思いやりは他人にかけるものと思い込んでいますが、真っ先に思いやりをかけなければならないのは、じつは自分自身に対してなのです。

ところが儒教では、〈自己愛〉を利己主義とねじ曲げて解釈して全否定しているのです。現代の精神科医の中にも「自己愛」を病気とみなしている者が少なくありません。ジークムント・フロイト氏が統合失調症を「自己愛神経症である」と定義したのに引きずられているのでしょうか？彼らは、引きこもり症患者を、世間に出て自分が疵《きず》つくことを恐れる「自己愛過剰」患者とみなしているのですが、私が接したかぎり、引きこもりの若者は自分の欠点を無数に指摘して自分を疵つける「自己愛欠乏」患者であり、同様に親の欠点をあげつらって親を疵つける「家族愛欠乏」患者であり、さらには社会を敵視する「他者愛欠乏」患者でした。「自己愛」をマイナスイメージで捉えている精神科医も、どうやら隠れ引きこもり症か、その予備軍と言ってよさそうです。

宗教家にも〈自己愛〉を否定する者が少なくありません。彼らは「他愛」を優先すべきだと主張しますが、自分を愛することを後回しにして自分以外の人を愛することを優先させれば、思いやりをかけねばならない対象は無数にありますから、やがては力不足の自分を責める「自虐」を生み出すようになるか、自分と行動をともにしない者を責める「他虐」に行きつきます。古くはキリスト教の修道士たちによって生み出された魔女狩りや、新たなところでは革命を目指した学生たちによる同志リンチ殺人事件などは、いずれもそうした誤った「他愛」から生み出された「他虐」

です。しかも、ご本人たちは「他愛」を実行しているつもりですから自分の悪事に気づけないのです。これほどの「自虐」行為はないでしょう。

「他人が一人でも不幸な間は、自分は幸福になれない」という言葉があり、「他愛」の極致とみなされていますが、これは天才向きの言葉です。そうした意識で手助けをされても息苦しくなるばかりです。

これに対して、自分を愛し自分を信じること、すなわち〈自己愛〉から始めれば、愛は自分の内面を満たし、やがては小さな自分の枠を越えて外に溢れ出て自《おの》ずと気負いのない〈他愛〉に行き着くようになるものです。

向上心とは自分を慈《いつく》しみ育てることであり、まさに自己愛と同義なのです。ですから、欠点排除の否定教育で育った人は、人一倍自己愛の心を強く持って内面を自己愛で満たすことから始めるべきなのです。

では、具体的どうすればよいのでしょうか？　まずは、自分の長所を数え挙げノートに書き記してみることです。

大多数の日本人は、自分の欠点や苦手ならすぐに十も二十も挙げられますが、長所や得手《えて》を挙げるとなると、三つも挙げられません。中には長所を口にすること自体を不道徳だと感じる人さえいるほどです。それでは、向上心は養えません。向上心とは自分の長所や手腕を伸ばしていくことなのですから。

長所と欠点は盾の表裏の関係にあり、肯定教育で長所を伸ばせば欠点は隠れますが、否定教育で欠点を潰《つぶ》すことに力を注げば、欠点ごと長所も潰しかねないのです。

長所を少しでも伸ばせたなら、自分で自分を褒《ほ》めることです。まかり間違っても自分で自分をけなしたり、見限ったりしないことです。孟子はこう述べています。

——**それ人必ず自《みずか》ら侮《あなど》りて、しかる後《のち》、人これを侮る。**（離婁章句上）——人からバカにされている者は、真っ先に自分で自分をバカにしている者たちだ。

自分の欠点に目を向けない蛮勇を持つことです。

向上心が自己愛の一環であることに気づけば、他人と競って自分の精神や肉体を損《そこ》ねるような向上心が、いかに向上心と無縁のものであるかにも容易に気づけるようになるでしょう。

ところで、〈愛〉を西欧的な概念と思い込んでいる人が少なくありませんが、孔子は弟子の樊遅《はんち》に「仁とは何ですか？」と問われて、——**愛人。**（顔淵第一二—二二）——**人を愛することだ。**——と答えているのです。戦国時代に入ると、若い頃に孔子の教えを学んだ墨子《ぼくし》が「墨家《ぼっか》」という一派を開き、愛を思想の中心に据えています。愛も西欧よりも遥かに早く中国で唱えられていた概念だったのです。

（1）向上心とは、自分自身を愛し励ますこと、すなわち自己愛と同義である。

（2）自分の長所を自覚し、それを伸ばそう。

Ⅲ　自立心を高める

1　自分を信じる

【自立心とは？】　自立心とは、自分の人生は自分のものだ、自分が自分の主人だ、という独立自尊の心意気《こころいき》です。

「多芸は無芸」という言葉がありますが、なまじ才能があるばかりに横ブレを続けて何一つ成功させずに終わってしまう人がいます。当人が趣味人として生きるつもりなら端《はた》でとやかく言うことではないでしょうが、そうでないならば当人にとっても社会にとっても不幸な損失です。オウム真理教の事件で殺人に加担した高学歴者の中には、研究を続けていれば一流の学者になれた者が何人もいると報道されましたが、彼らも大きく横ブレして邪教を信じて犯罪者になってしまったのです。頭脳は育てたが「自立心」が育っていなかった何よりの証拠です。

人生で一番難しいのは自分を信じることだと言われますが、自分を信じるというのも自己愛の一環です。何事によらず、自分を見失って他人や世間の言動に惑わされていては、せっかくの才能も宝の持ちぐされとなり、欲望の達成は叶いません。

【自主独立】 人たるものは従順な「臣民」として皇帝のために尽くせというのが儒教の教えでしたから、自立心は保守的な儒者たちからもっとも忌み嫌われました。「日本人は自立心や自己主張を好まないから、日本の社会は協調的で平和なのだ」と、贔屓《ひいき》の引き倒しのような発言をする識者がいますが、そうした主張は自立心や自己主張を我執《がしゅう》（＝我《が》を張ること）と誤解しているところから生じている誤りです。

自立心に関しても、孔子は極めて開明的な考えの持ち主でした。

——**世間の大多数が、悪とみなすものでも、自分で十分に調べて真偽を判断すべきである。世間の大多数が好《よ》いとみなす場合も同様だ。**（衛霊公第一五―二八）

世間の判断に流されるなと警告しているのです。身分社会の権力者にとっては自分の頭で判断し行動する自立した個人の存在ほど目障りなものはありません。このため、この章句は「人物判断は難しい」という意味であり、人を採用する際の注意を述べているのだなどと矮小化《わいしょうか》して解釈されてきたのです。

【従属と依存】 現在ですら、組織の中で自立心を維持することはなかなか難しいことですが、孔子の時代はなおさらでした。そのため孔子は『論語』の随所で、権力者の言いなりになりがちな弟子たちを叱咤《しった》勉励《べんれい》しています。

孔子塾は現在のハローワーク的な存在で、孔子は弟子たちをあちこちの役所に就職させていますが、その際に組織人としての覚悟を次のように促《うなが》しています。

――自分の能力を精いっぱい発揮して職務にはげみ、それができないようならば、すみやかに辞職せよ。（季氏第一六―一）

これは魯の国の実力者である季氏《きし》に仕えていた弟子の子路と冉有《ぜんゆう》が、季氏が領地を拡張するために戦争を起こそうとしているのを「自分たちは止められない」と泣きついて来た際の孔子の言葉です。言葉そのものは、有能な歴史官だった周任《しゅうじん》の言葉の引用ですが、孔子が弟子たちに要求しているのは、組織に埋没してただ命令に服従するだけの使用人になってはダメだ、自分の知識や技能を組織に売る自立した働き手になれということです。

孔子は二人が地位を失いたくないがために季氏の言いなりになっているのではないかと詰問《きつもん》してもいます。

働き手が組織の中で自立していれば、当人が不正に巻き込まれずにすむだけでなく、組織にとっても不正防止に役立つのですから一石二鳥なはずです。ところが、組織側は往々にして働き手の自立心を削《そ》ぐような圧力を加え、働き手は失業による生活の不安から組織への従属や依存を強めがちです。その結果、双方が共犯関係に陥って組織を破綻させた例も枚挙に暇がありません。

【気概】 自立心を維持するには、わたしたち一人一人が日頃から「わたしが会社だ」、「わたしが国家だ」という気概を持つことです。組織に所属する一人一人がそうした気概を持つことによって、個人も、企業も、国家も、真の自立や独立ができるのです。出発点はまず個人からです。福沢諭吉氏は、そうした連鎖を「一身独立して、一国独立す」と表現しているのです。

2　自立心を高める方法

【資格を取る】　では、自立心を高めるには、具体的にどうすればよいのでしょうか?

地道に自分の技能を高めるのが正道ですが、とりあえず何かの資格を取っておくというのも有効な方法です。現在の仕事と無関係な資格でも構いません。むしろその方が良いくらいなのです。

福沢諭吉氏は、中津藩にいた一六～七歳の頃に藩から脱け出そうと決心して、無一文になっても生活ができるようにと、自分の将来の願望とはまったく無関係な按摩《あんま》（マッサージ）術を身につけています。幸いそれが役立つようなことにはならなかったが、若い時に自力心を貫く精神的な助けになったと『自伝』で述懐しています。

企業に入れば、何かの資格を取るよう命じられるでしょうが、命令されて取る資格でなく、自分が望む資格を取るのがポイントです。どんな資格を取ろうかと考えるだけでも、自立への道への第一歩を踏み出したことになるのです。

【趣味を持つ】　資格と同じく、仕事と離れた趣味を持つことも自立心を高めるのに大いに役立ちます。孔子は、――**わたしは下積み生活が永かったから、雑多なことに習熟しているのだ。**（子罕第九―六）――と卑下していますが、そのお蔭で挫折続きの人生を乗り越えられた効用は否定できなかったでしょう。孔子は身長二メートル近い大男で弓や御車に優れ、狩猟や釣りの趣味を持ち、楽器演奏や歌を唄うことも愛好しています。

趣味は、現代人にとっては仕事上の頭の切り替えや、精神的疲労の回復や予防にも不可欠なものです。ウツ病患者の多くがいわゆる仕事一辺倒の無趣味人間であることはつとに指摘されている通りです。趣味は定年後のヒマつぶしのためにリタイアしてから探すものではないのです。

【自習自得】 東日本大震災後、「人間は生かされているのだ」という言葉が広まりましたが、感謝の意味で「生かされている」と思うのは結構なことでしょうが、必要以上にへりくだって受け身になり、自立心を削《そ》ぐような結果になっては元も子もありません。

「仰げば尊しわが師の恩」や「教え子」という言葉がありますが、私の教職体験からすると、そうした表現はマヤカシです。学ぶ者はみな自習自得しているというのが真相なのです。

人は、基本的には自らの生命力で生まれ、生き、自らの学習力で学び、病気も自らの治癒《ちゆ》力《りょく》で治しているのです。逆説的に言えば、だからこそ勉強ぎらいにもなれ、自暴自棄にもなれ、生活習慣病にも罹《かか》り、自殺をしたりもできるのです。ところが、多くの人は親から生命を与えられ、教師によって教えられ、医師に病気を治してもらっていると思い込み、自分自身に内在している能力を見失っているのです。挙げ句に思い通りにならないと、自分を棚に上げて親や教師や医師を恨んでいるのです。

一方、親や教師や医師はと言えば、「自分が生んでやった、育ててやった」、「自分が教えてやった」、「自分が治してやった」とカルト宗教の教祖ばりに子供や生徒や患者を信者に仕立て上げているのです。その結果、自立心の成長を阻害しているのです。しかも、そうした教師や医師が名教師や名医師と讃《たた》えられている有り様です。

日本人、とりわけ現代の若者は、端《はた》からは傲岸不遜《ごうがんふそん》と思われるくらいの自信を持つべきです。はじめはカラ元気で構いません。それが自立心を高める手っ取り早い方法です。自立心が活性化されれば、ちょっと叱られたくらいで過剰に落ち込んで会社をやめようと悩んだり、ウツ状態になって引きこもったりすることもなくなります。そうした振る舞いがバカバカしいことに気づけるようになるのです。

不遇の連続のような人生を送った孔子はこう言い切っています。

――**わたしは、これまで天命を呪《のろ》ったことも、人を恨んだこともない。**（憲問第一四―三七）

これほど堂々たる〈独立自尊〉の宣言はないでしょう。そうあるためには、自分自身を愛し、生得的に内在している自立心の存在に気づき、自らの手で活性化していくことが肝心なのです。

蛇足ながら、自立心が活性化すると組織への忠誠心がなくなり組織離れが加速するのではと危《き》惧《ぐ》する事業主がいますが、まったくの誤解です。組織にべったり依存しているから過剰期待が生じ、ちょっとしたことで過剰反応を起こして組織離れを起こすのです。互いに依存しすぎている夫婦の方が些細《ささい》なことで不満を鬱積《うっせき》させて離婚しやすいのと同じことです。社員の定着率を向上させたければ、企業主は率先して社員の自立心の活性化に手を貸すべきなのです。

（1）他人の言葉に惑わされず、自分自身を信じよう。

（2）資格や趣味を持つことは、自立心の活性化に役立つ。

Ⅳ　持続心を高める

1　根気の誤解

【持続心とは？】「持続心」とは根気のことです。「才気よりも根気」と言いますが、たいがいのことは根気さえあれば達成できます。と言うと、「自分は生まれつき根気がない」と泣きを入れる人が少なくありませんが、そう言う人の心臓も生まれてこのかた根気よく鼓動を打ち続けているはずです。他の臓器も然《しか》りです。つまり、持続力も人間に生得的に備わっているものなのです。これまでの三つの「心《しん》」と同様に、その存在を意識して表面に引き出せるか否かが問題なだけなのです。

『論語』には持続心の大切さを述べた章句が数多くありますから、まずはその代表的なものを紹介しておきましょう。

——**飽きずに続けよ。**（子路第一三—一）

——**何事も、譬《たと》えてみれば築山《つきやま》を造るようなものだ。あと一担《ひとかつ》ぎの土を残して未完成で終わってしまったとすれば、それは自分がやめてしまったからだ。**（子罕第九—一九）

——**同じ苗なのに苗のままで止まって穂を出さないものがある。穂を出しても実をつけるところまでいかないものがある。**（子罕第九—二二）

——**わたしは、自分の思う道を迷うことなく一心不乱に歩み続けてきただけだ。**（里仁第四—一五）

『論語』に根気を促す言葉がこれほどたくさんあるということは、孔子塾に集まった若者に根気不足の者が大勢いた証拠であるとも言えるでしょう。孔子は、——**近頃の弟子たちは、三年も学ぶと就職先を世話してくれと頼み込んでくる。**（泰伯第八—一二）——と、根気がないくせに打算的な若者気質を嘆いています。

2　持続心を高める秘訣

【誤解の解消】「継続は力なり」や「成功の秘訣は成功するまでやることだ」という言葉はよく知られていますが、いわゆる「三日坊主」の人の多くが、自分が飽きっぽい性格であることを得意気に吹聴《ふいちょう》しています。そうした行為は自らを侮《あなど》り自分で自分の足を引っ張る自暴自棄行為ですから即刻やめることです。例えば禁煙が三日で終わってしまった人は、自嘲せずに「三日も続いた」と自らを褒め、「ならば次は四日間続けられる」と自らを励ますことが肝心です。

しかし、何といっても多くの人が持続心を持てない最大の理由は、教育効果と時間との関係を誤認しているためです。それを解消すれば生得的に存在している根気も容易に活性化できます。

【教育効果】 次の図を見てください。

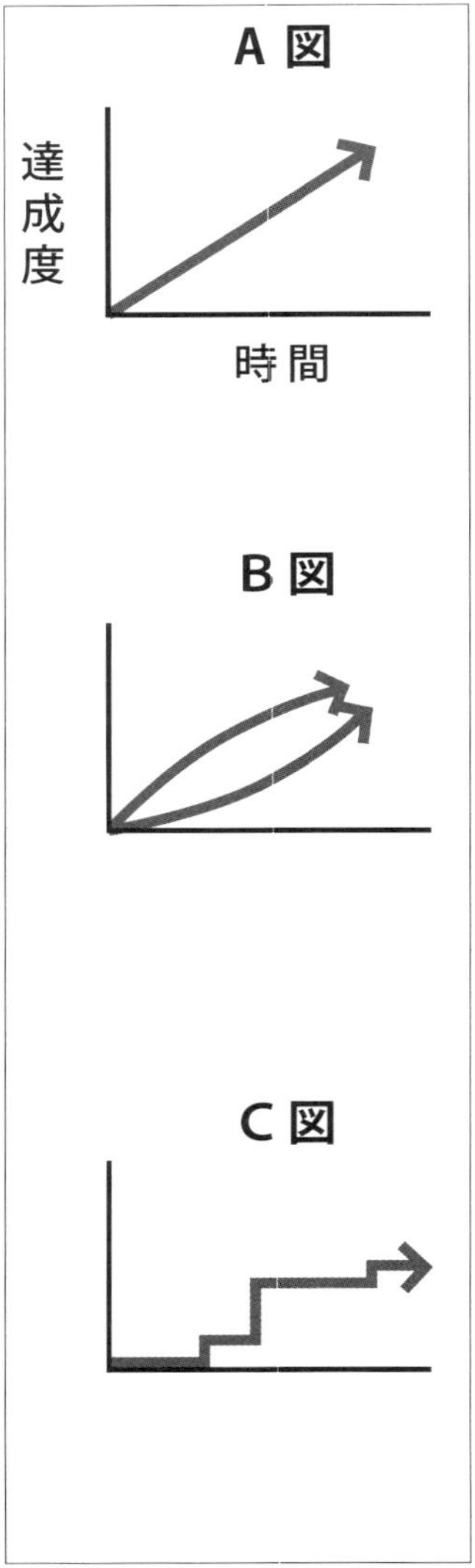

三日坊主の人は、例えば禁煙をすれば禁煙効果がA図やB図のようにすぐに現れるものと思い

込んでいます。何かを学習する場合なら、日々右肩上がりの直線やカーブを描いて上達するものと期待し過ぎているのです。しかし、現実の学習の九九パーセントはC図のようにしか進みません。

例えば、人は生まれて一年や二年近く言葉をしゃべれません。ところが、ある日二言三言しゃべり出すと、後は一瀉千里《いっしゃせんり》です。自転車に乗るのも、泳ぎを覚えるのもみな同じです。ある日、わずかに乗れたり泳げたりすると、ポンと跳ねあがったように上達し、もう転んだり沈んだりせずにすみます。しかし、その状態でしばらく止まり、さらに上達するまでにまた長い平坦な道が続きます。つまり発達グラフは、C図のように段差も奥行きも手探り状態の階段状をなしているのです。

では、赤ん坊が言葉をしゃべれないでいる時間や、次の段階までの進歩が見えない平坦な時間はムダなのかと言えば、そんなことはありません。その間も外には表われない形で進歩の芽は成長しているのです。

ですから、何かを目標にして諦めかけたなら、ここで放棄するのは明日起きるかもしれない跳ね上がりのチャンスを失うことになるかもしれないと考えて、諦めるのを一日だけ先延ばしにしてみるのです。それを惰性的にでも繰り返していれば、気がつけば諦めない精神が身についています。

【人生設計図】　持続心を高めるもう一つの秘訣は、自分の一生の計画表をノートに書きつけてみることです。孔子は、自分の一生を次のように述懐しています。

――わたしは数え年の一五歳（満年齢一四歳）の時に、将来は学問で身を立てようと決心した。三〇歳でどうにか独立することができた。四〇歳になると、あれこれ迷わずにすむようになった。五〇歳になると、天が自分に与えた使命を自覚できるようになった。六〇歳になると、人の言うことが素直に耳に入るようになった。七〇歳になると、自分では思う存分に行動していても道理を逸脱せずにすむようになった。（為政第二―四）

この章句は古来より、「このような段取りで生きれば大過なく人生を送れるぞ」と孔子が弟子たちに人生設計図を示したのだとの解釈があります。

企業や国は年度初めに年次計画や目標を作成するのに、個人はまずそうした計画表を作りません。私が子供の頃には、元旦に家族がそろって一年の計を述べ合う風習が残っていましたが、一年でなく一生分の計画表を作るのです。そうすれば、長期的展望が開けますから、目先の躓《つまず》きによって落ち込んだり諦めたりせずにすむようになります。

「人生は一寸先が闇だ。いつ死ぬのかわからないのだから一生の計画表など作ってもムダだ」と反論する人がいますが、そうした受動的な態度を捨てて、自分の寿命も計画表に書き加え、可能な限り細かく生涯の行動計画を立てるのです。そうすれば、計画表から逆算して今何をすべきかが自ずと見えてきます。そうした具体的かつ能動的な生き方をすれば、願望達成は容易となり、寿命だって伸ばせるでしょう。逆に、自分の寿命を想定せずに、ただ漠然と願望達成を願っている人は、設計図や工程表を作らずに高層ビルを建てようとしているに等しいのです。他人と競争するのでなく、自分が作成した計画表と競争するのですから、楽しんで競争することもできます。

【数値化】　自分の生活に関する数値化をするのも、持続心を維持するのに有効な方法です。

○自分は、新たなことを学ぶのにどれくらいの時間を必要とするのか？
○自分は、どのくらいの時間、集中力を維持していられるのか？
○自分は、一日にどれほどの睡眠を必要としているのか？
○自分は、一年にどれほどの休暇を必要とするのか？

といった具合に、何でもよいから数値化して、これもノートに記すのです。わたしたちはたいがいの数値を他人が作った平均値にまかせていますが、それがどれほど科学的な数値であっても、自分自身の数値でなければ数値に振りまわされるのがオチです。挙げ句にやる気まで奪われてしまうのです。一方、自分自身が定めた数値は、自分自身の生活リズムの発見や確認ですから、強い味方になります。私は、新たなことを学ぶ際に、自習ができるようになるまでの時間を一〇時間と定めています。それが早いか遅いかはわかりませんが、それだけあれば何とかやってこられました。新規にものを習う時、最初にインストラクターにそう伝えておくだけで、インストラクターもイライラせずにすみ、私も途中で投げ出さずにすんできたのです。

【成功の方程式】　「成功の秘訣は成功するまでやることだ」という言葉を「同じ方法にしがみつけ」

という意味だと誤解している人が少なくありませんが、もちろん目標達成に向かってはさまざまな方法を試みるべきです。要は、自分に合った持続できる方法を見つけ出すことです。

成功の方程式の一つは、《成功＝能力×時間》です。たとえ能力が劣っている者でも持続によって挽回できるのです。私が接した生徒や学生たちで、社会に出て成功している者のほとんどは、才能は中程度ですが持続心を持っている者たちです。逆に学校秀才が往々にして社会で成功しないのは、才に頼って一つの方法にしがみついたり、持続をドロ臭いこととみなして軽視しがちなためです。

（1）成果は突然あらわれる。諦める前に、もう一日だけ続けてみよう。

（2）①自分の一生の設計図を作り、②自分自身に関する数値を持とう。

※

さて、以上のⅠ好奇心・Ⅱ向上心・Ⅲ自立心・Ⅳ持続心の四つ「心《しん》」を活性化できたなら、「④正心」＝「心を正す」段階は修了です。

繰り返しになりますが、四つの「心」は、いずれもわたしたち一人一人が生まれつき持っているものです。それが否定教育で潰されたり、自《みず》ら忘却することによって、はじめから存在していなかったとか、存在はしていたが失くなってしまった、と誤解されているだけなのです。まずは、そこに気づくことです。気づきさえすれば、四つの「心」はいずれも容易に活性化できるものなのです。

　四つはバラバラなものではありません。相互に刺激しあって増大拡張していくものです。ですから、四つの「心」の一つでも活性化できれば、他も自《おの》ずと活性化されていきます。まずは、自分ができる「心《しん》」から活性化していくとよいでしょう。一つ一つがロケットを推進させるための燃料に該当しますから、すべてを活性化できれば、大きな欲望をより早く成就することが可能になります。

　Ⅰ好奇心は「乗り気」、Ⅱ向上心は「やる気」、Ⅲ自立心は「負けん気」、Ⅳ持続心は「根気」です。人が自分の欲望や計画に向かって、Ⅰ興味をかき立て、Ⅱファイトを燃やし、Ⅲ自分を信じ、Ⅳ根気よく押し進めたなら、この世で達成できないものなど何一つないでしょう。

　四つの「心《しん》」を「好《こう》・向《こう》・自《じ》・持《じ》」と覚えて、しっかりと活性化してください。

※

◎The 3rd Stepのまとめ

教訓6　好奇心を①物→②人→③自分自身へと、深めかつ拡張していこう。

教訓7　向上心とは、自分を愛し励ますこと、すなわち〈自己愛〉と同義である。

教訓8　傲岸《ごうがん》不遜《ふそん》と思われるくらいの自立心を持とう。

教訓9　持続心の強化のために、自分の一生の設計図を作ろう。

The 4th Step

五つの力《りょく》

一　身《み》を修《おさ》める

【修身とは？】　八条目の「④正心」で心の準備が整ったなら、いよいよ実社会に打って出て欲望達成のための具体的な行動を起こす段階です。それが「⑤修身」のステップです。

心の準備である「正心」は個々人に内在している四つの「心《しん》」に油をさすステップであり、基本的には自分一人でできるものです。しかし、これから述べる「修身」の五つの「力《りょく》」は、生得的に持っているパワーではありますが、他人との関わりという新たな条件が加わるので、よほど意識的に動かそうとしないと、すぐにサビついたり誤作動を起こしがちです。すると当人は、自分にはそうした「力」が備わっていないのだと誤解して、せっかくのパワーを活性化できなくなってしまうのです。

五つの「力」とは、Ⅰ行動力・Ⅱ公正力・Ⅲ思考力・Ⅳ交渉力・Ⅴ統率力の五つです。

この五つの「力」を活性化させられるか否かで欲望達成に雲泥の差がつきます。とはいえ、五つの「力」を一度に活性化させようと焦《あせ》るには及びません。そもそも一時期に活性化させるべきものではなく、「修身」のステップの階段を上がるごとに活性化させるからこそ有益なのです。地位に応じてⅠからⅤの順に着実に活性化させるのがコツですが、これまでのハウツー本はそこが曖昧だったために、読者を戸惑わせてきたのです。場違いな時に活性化させたのでは、せっかくの力《パワー》を空回りさせてしまうだけです。

孔子塾の若者たちの大半は、役人となって行政に携《たずさ》わり、最終的には国政に参与して政治家として成功することを望んでいました。三つの「たい病」で言えば出世願望です。現代風に言えば、キャリア官僚や官僚出身の政治家を目指していたわけです。

そのため孔子のアドバイスも出世願望者向けにかたよっていますが、当時の役人や政治家は一人で政治・経済・文化のすべての面を担《にな》っていましたから、孔子のアドバイスは、出世願望以外のさまざまな欲望を叶えるためや、現在のさまざまな職種にも有効なアドバイスになっているのです。

現在、多くの男女が修身の段階で何らかの組織に加わり欲望の達成を目指していますから、本書も第一義的には組織人に焦点を合わせて書いていますが、はじめにでも述べたように家庭も立派に組織なのですから、これ以降のステップはこれまでのステップ同様、いわゆる組織に属さない者も十分に活性化すべき能力なのです。

【リーダーシップ】　さて、孔子のいう君子とは、人々の先頭に立って人々を導く積極的・行動的な人物であり、現代風に訳すと「指導者《リーダー》」がピッタリだと述べましたが、孔子は早くから生活のために下級役人をはじめとする雑多な職業に就いて辛酸をなめ、リーダーはいかにあるべきかを身をもって学んでおり、リーダー論は孔子のお得意のテーマでした。

いかなる欲望であれ、組織に加わった者が欲望を叶えるには、それぞれの道でリーダーシップを発揮することなしには成就できませんが、現実主義者である孔子は、役所に就職する弟子に向かってすぐにリーダーシップを発揮しろなどと無茶なアドバイスをしてはいません。代わりに、こうすれば誰もが真のリーダーになれるという心得を、それぞれの弟子の能力に応じて懇切に教えているのです。それでは、孔子が説くリーダーとなるために活性化すべき五つの「力」をI～Vの順に見ていきましょう。

二　五つの力《りょく》を磨《みが》こう

I　行動力を磨く

【新人の心得】　実社会に出て真っ先に磨くべきは行動力です。行動力は、i瞬発《しゅんぱつ》力と、ii制御《せいぎょ》力、の相い反する二つの要素から成り立っています。瞬発力とは、行動を起こすための準備段階、いわばフットワークであり、制御力とは、行動の段取りと終了点を判断する能力です。まずはiに属する行動力から見ていきます。

1　よい手本を真似る

孔子は、新人として組織に入った者の心得を次のように教えています。

――**就職したなら、まずは仕事を第一に考え、給与はその結果ついてくるものと考えよ。**（衛霊公第一五―三八）

――**先輩たちの言うことに耳を傾け、先輩たちのしていることを観察し、その疑わしいところや危なっかしいところを除いて発言や行動をするとよい。そうすれば、咎《とが》め立てられることも少なく、後悔することも少なくてすむ。そうなれば自然と認められて高給を取れるようになる。**（為政第二―一八）

仕事を覚えるには、まずは先輩を観察して真似よというわけです。八条目の「①格物」（＝観察）と「②致知」（＝学習）の実践です。ちなみに「学ぶ」は真似《まね》ぶ（＝真似をする）に由来していると言われています。何だか覇気《はき》のない消極的な態度に思えるかもしれませんが、孔子は誰もが実行できる方法を教えているのです。

体育系のクラブの経験者は偉そうに振る舞う先輩やイジワルな先輩に泣かされた経験があるでしょう。そうして自分は「ああはなるまい」と思ったのに、上級生になると同じことをしていたはずです。つまり、ただ漠然と思っているだけでは駄目なのです。いったい先輩のどこが悪いのか、なぜそういう行動を取っているのかを具体的に観察することが肝心です。それには3rdステップの人間に対する好奇心が活性化されていることが不可欠なのです。職場でイヤな上司に出くわした時、ただ毛嫌いをしていては時間のロスです。観察によって幾らでも役立てられるのです。そうした意味では、自分に害だけを与える先輩や上司など存在しないのです。これも観察結果をノートに記しておくとよいでしょう。そうすれば「なあんだ、自分はあんなことで悩んでいたのか」と、反省したり成長を確認することもできます。

2　フットワークを身につける

【敏速な行動】　大卒の新人は最新の理論や方法を学んでいますから、先輩のやり方や組織のしきたりが古臭く見え、何かと批判や不満をつのらせがちですが、そうした思いに対しては、孔子はこうアドバイスしています。

——**言いたいことがあったなら、まずは実行してみせてから言うがよい。**（為政第二—一三）

新人のうちは、口よりも行動を優先せよという教えです。行動がともなわない批判は受け入れられてもらえませんし、口達者や生意気のレッテルを貼られかねません。以下の章句も同じ教訓です。

——**リーダーを目指す者は、口は鈍重でよいから、行動を敏速にせよ。**（里仁第四—二四）

――**昔の人が言葉に慎重だったのは、有言不実行になることを恥じたからだ。**（里仁第四―二二）

では、敏速な行動とはどういう行動なのでしょうか？　孔子は、頭でとやかく考えるよりも、フットワークを鍛えて態度で示せと教えています。

――**わたしは主君から呼ばれると、身支度ができしだい馬車に馬をつけるのを待たずに家を出たものだ。**（郷党第一〇―一七）

孔子のフットワークのよさを遺憾なく示している章句です。後から馬車が追いかけてきて孔子を拾うのですから労力のムダに見えますが、一刻も早く主君のもとに馳《は》せ参じたいという気持ちは自然と主君に伝わるというのが孔子の考えなのです。

孔子は実際に一刻も早く参内《さんだい》したいと思っていたのでしょうが、かりにそう思っていないにしても身体を動かせば気持ちがついてきます。気持ちがついてこなくても、他人の目にはいかにも心をこめて馳せ参じようとしていると映ります。そう見せかけるための行動というのは姑息《こそく》な手段に思えるかもしれませんが、錯覚であれ周囲がそう思い込めば、自分の気持ちも身体も自然とその方向に進むようになるものです。要するに、まずは形から入れという教えでもあるのです。

この章句は、孔子が魯国の君主の定《てい》公の司法大臣を務めていた時期か、晩年に哀《あい》公の相談相手をしていた時期のものと考えられますが、いずれにせよ孔子が地位や年齢に関係なく打てば響くようなフットワークを維持し、弟子たちに敏速な行動の何たるかを身をもって教えていたことを示しています。

仕事を命じられてもグズグズしてなかなか取りかからない人がいますが、そういう人は期日内にどんなに立派に仕事を仕上げても、さほど評価されなかったり、次の仕事を与えられなかったりするものです。頼む方も、イヤイヤ仕事を引き受ける者に仕事を頼むのは二の足を踏むものです。名人芸の職人の逸話などにはよくある話ですが、新人がそんな真似をしていたのでは仕事を覚えるせっかくのチャンスをみすみす失うだけのことです。

孔子は――**行動が敏速であれば、容易に功績を上げることができるようになる。**（陽貨第一七―六）――とも教えています。

（1）先輩の仕事を観察して真似よう。

（2）命じられた仕事には直ぐに取りかかろう。

さて次は、iiの制御力に属する行動力の活性化対策です。

3　仕事は終わりから始める

【中庸点《ちゅうようてん》】制御力とは、取りかかった仕事の終わらせ方の問題です。すぐに仕事に取りかかれといっても、闇雲《やみくも》に突っ走ってはいけません。まずは、どこまでやるのかを決めることが第一なのです。この終了点を重視しているところが現実主義者としての孔子の面目躍如たるところなのです。行動力は、ただガムシャラに発揮すればよいものではありません。多くの人がそこを誤解し、自分は行動力があると自負して、いったん始めた行動を止められなくなり、挙げ句の果てに組織や国を亡ぼすことすらしてきたのです。満州事変を引き起こして日本を破綻させてしまった関東軍のエリート高級参謀たちは、さしずめその典型でした。あるいは、あまりに多くの機能を付け過ぎて逆に売れなくなっている日本のハイテク製品も同様の過ちの好例です。

孔子が行動において最も気を配るべきだと力説しているのは、〈中庸《ちゅうよう》〉を得ることです。

中庸という言葉は、日本ではもっぱら左右の真ん中といった静止した消極的なイメージや、どっちつかずの二股膏薬《ふたまたこうやく》や優柔不断《ゆうじゅうふだん》、あるいはコウモリ的な狡猾《こうかつ》なイメージがつきまとっています。しかし、孔子が説く〈中庸〉とは、左右よりもむしろ前後のバランスを重視する動的かつ理詰めの〈最終行動点〉を意味する言葉なのです。

孔子は、——**中庸は行動規範として最高のものである。**（雍也第六—二九）——と述べて、積極的でやり過ぎる弟子の子張《しちょう》の仕事ぶりと、消極的でやり足りない子夏《しか》の仕事ぶりを比較して、こう評しています。

——**やり過ぎは、やり足りないのと同じことだ。二人の仕事ぶりはともに失格だ。**（先進第一一—一六）

〈最終行動点〉とは、押し進めようとする仕事を止めるべき過不足のない一点を指すのです。当然のことながら、前後・左右・上下を単純に足して二で割って得られる静止点ではありません。時々刻々移り変わる動的な点なのです。ですから、その一点を押さえることは至難《しなん》の業《わざ》であり、その判断能力は一朝一夕で身につけられるものではありません。だからこそ、新人のうちから意識して身につけるようにと、孔子は『論語』の随所で繰り返し中庸の大切さを指摘しているのです。

中庸を一言で言えば〈よい加減〉ですが、よい加減点を見い出し維持することの難しさは、わたしたちの食生活を考えれば容易に理解できるでしょう。小食もダメ、大食もダメ、回数・量・栄養のバランス・食べる順番やスピード・咀嚼《そしゃく》の回数・行儀作法・食後の休憩等々のすべてが適合してはじめて中庸を得た食生活となるのですが、中庸点はその日の体調や仕事量や季節や天候によっても左右され、同じ点はありえないといってもよいほどです。

【要領】 中庸を得た仕事をするには、仕事の段取りを決める〈要領〉が必要になります。ところが、要領という言葉がまた日本ではいい意味には滅多に使われません。「要領がいい」という表現は、手抜きや小ずるく立ち回る行為を連想させます。

〈要領〉の真意は、部屋の掃除を例にとるとわかりやすいでしょう。部屋の掃除を命じられた時に、入り口の窓に固執して一枚の窓ガラスをピカピカに磨き上げて時間切れになったとすれば、それはとてつもなく要領が悪いのであり、およそ中庸を得た仕事にはなりません。では、どうすればよいのでしょうか？

まず第一にすべきは、①完了時間の設定です。次に部屋全体を見渡して、掃除すべき箇所や汚れ具合を②観察することです。そうして①と②の双方から逆算して、時間内に片づくように掃除の段取りをきめるのです。どんな仕事であれ、第一に終了時間を設定することが大原則です。汚れ具合を観察してから完了時間を設定するというのは、多くの人がおかしがちな誤りです。読者もダラダラと掃除をし続け、時間切れで中途半端な掃除に終わった経験があるはずです。長期的な大プロジェクトであればあるほど、まずは終了時間を設定することから始めるべきなのです。終了時間が決まって、初めて完成度の設定や、それに向かっての作業の段取りや、力の配分をつけられるのです。つまり〈中庸〉点を定められるのです。

掃除嫌いの人を観察すると、根っからの怠け者はまれで、むしろ毎回真面目に大掃除をし過ぎて疲れはて、次の掃除を先延ばしにし、汚れがたまっている分だけさらなる大掃除をしなければならなくなり、その悪循環の末に掃除を放棄している人がほとんどです。要するに時間に見合った小掃除のできない要領の悪い人なのですが、当人は自分は「凝《こ》り性《しょう》」だと思い込んだり、「たかが掃除」と開き直って〈中庸〉や〈要領〉の学習を放棄してしまっているのです。その結果は、仕事はもとより人生全般のバランスを崩すことにつながるのですから損失は甚大《じんだい》です。

ことわざでは「巧遅《こうち》は拙速《せっそく》にしかず」とも「拙速は巧遅にしかず」とも言いますが、完了時間がきちんと設定されていれば、「巧遅」も「拙速」もともに〈中庸〉点か〈要領〉のいずれかを欠いた失格作業であることがわかるはずです。

組織で与えられる仕事のほとんどは期日を設けられていますが、命じられた時間枠に受動的に従うのでなく、自らの意思で終了時間を設定することが肝心です。そうした習慣を身につければ、時間や仕事に追われているという強迫観念を払拭《ふっしょく》でき、自分が仕事や時間を支配しているという意識が生まれます。さらには自分や他人の仕事の段取りの善し悪しを客観的に判定できるようになり、無用な残業もなくせます。

【中庸点と持続心】 終了時間の設定は、3rdステップの持続心の項で触れた「成功の秘訣は成功するまでやることだ」と矛盾しているではないかと反論する人がいます。ですが、成功するまで持続する場合でも一区切りごとの終了時間の設定は不可欠です。さもないと①時間、②労力、③資金、④資材の垂れ流しになりかねません。その典型が戦争です。いずれの国でも終了時間を設定せずに戦争を始め、「勝つまで戦う」との名目で泥沼にはまり込んでいくのです。旧日本軍しかり、ベトナム戦争からアフガン・イラク戦争に至るアメリカ軍しかりです。

3rdステップの持続心の項で述べた一生の設計図を作れというのも、まずは終了時間を設定せよというのと同じ意味です。

（3）仕事に取りかかる前に、仕事の〈中庸〉点を見極めよう。

（4）終了時間を設定し、そこから逆算して仕事の段取りを考えよう。

4　正攻法こそ近道である

【正攻法】 行動力は、暴走しがちなものです。とりわけ新人は、一刻も早く業績を挙げて認められようと焦りがちなものです。すでに引用したように、孔子は、――**急ぎ過ぎるな。急ぎすぎれば、結局は目的を達成できずに終わってしまう。**（子路第一三―一七）――と弟子たちを諫《いさ》めて急がば回れを奨励し、あわせて――**近道や裏技を学ぶのは、百害あって一利なしだ。**（為政第二―一六）――と正攻法に徹せよと教えています。

正攻法は、行動力の暴走を制御する最大の力となりますから、若いうちにしっかりと身につけておくことです。

――**仕事を上手くやろうとする職人は、まずは手近な道具を研《と》ぐことから始めるものだ。**（衛霊公第一五―一〇）

ヘッドハンティングされた者ならいざ知らず、そうでない大多数の新人に対して組織はすぐに過大な業績など期待していません。ですから新人時代は、①身近にいる有能な先輩を手本にして、②与えられた仕事に真正面から真面目に取り組んで、③自分磨きに徹すること、こそが任務なのです。

（5）新人時代は正攻法を身につけ、自分のスキルアップに努めよう。

5　外野の声に惑わされるな

【自己満足】 フットワークが身につき、敏速な行動ができるようになると、必ずと言ってよいほど足を引っ張る者が現れます。「あいつは目立ちたがり屋だ」、「あいつがやっているのは一人よがりの自己満足だ」といった陰口を耳にするようになるはずです。孔子も同じような目に遭っていたとみえ、こう述懐しています。

——**誠実に君主に仕えていると、周囲はあいつはゴマスリだと陰口をたたく。**（八佾第三——一八）

陰口は無視することです。行動的になれば目立つのは当然ですし、いかなる行動であれ、行動は自己満足で構わないのです。自己満足というのは達成感の喜びであり、それが行動を持続させる最大のエネルギーになるのです。

——**近くの者が喜べば、遠くの者はそれを聞いて慕《した》い寄ってくる。**（子路第一三——一六）

この言葉は政治の有《あ》り様《よう》について孔子が述べたものですが、行動力に関しても応用できます。最も身近な者、つまり自分自身を喜ばせ満足させられないような行為や仕事は、誰をも喜ばせられないのです。

滅私奉公や苦行のようなマゾヒスティックな自己満足は論外ですが、正当な自己満足はなんら否定すべきものではありません。自分で自分を褒めることは、向上心や持続心の強化にもつながります。

陰口を叩かれるのを恐れる人は、万人から支持されることを望んでいるのでしょうが、人の行為は万人から支持されるものである必要はありません。孔子はこう述べています。

――**土地の善人が賞《ほ》め、悪人がけなす、そういう行為が本当に善い行為なのだ。**（子路第一三―二四）

すべて人から賛同を得ている行為というのはマユツバだというわけです。ですから、陰口をたたかれて落ち込みがちな人は、「悪人がけなしているのだから、自分の行為は善い行為なのだ」と思うくらいの自信をもって行動していればよいのです。

（6）自己満足は行動を持続させるエネルギー源である。

（7）陰口にひるむな。

Ⅱ　公正力を磨く

【公正力とは？】 新人の時代が終わり後輩が入ってきたり、修業期間を終えて少数の部下を持つ初級リーダーになった時に活性化しなければならないパワーが、公正力です。公正力は、ⅰ公平平等と、ⅱ公明正大の二つの要素から成り立っています。ⅰは後輩や部下に対する公正力であり、ⅱは自分自身に対する公正力です。まずはⅰに属する公正力の活性化方法から見ていきましょう。

1　部下の扱い方

【不公平感】 人間がもの心がついて最初に抱く不満は不公平感だと言われています。小学校の低学年時代から起きるイジメや学級崩壊は教員が特定の児童をヒイキしているという不公平感が引き金になっている場合が大半です。

さらに学校でのヒイキ問題がこじれるのは、教員はヒイキをしているつもりがないのに児童がヒイキをしていると思い込み、それを聞いた保護者までもが参入して非難合戦になるためですが、では初級リーダーが組織内に不公平感を生じさせないようにするには、どうしたらよいのでしょうか？『論語』から得られる教訓を列記しておきましょう。

（1）まずは、公平に部下を扱う決意をする。

――　**よきリーダーは公平でエコヒイキをしないものだが、小人物はエコヒイキばかりして部下を公平に扱おうとしないものだ。**（為政第二―一四）

（2）すり寄ってくる者に気をつける。

リーダーの地位に就《つ》くと、必ずすり寄ってくる者が現れます。初めてリーダーの地位に就いた者は、多少なりとも不安を抱いていますから、すり寄ってくる者を味方と錯覚しがちです。

——**巧言令色《こうげんれいしょく》、鮮《すく》なし仁《じん》。**（学而第一—三）——**口が上手で、やたら愛想のよい者に本当の親切者などまずいない。**——という孔子の言葉は、すり寄ってくる者に対する警告とも解釈できます。

（3）部下の判定は、言葉だけでなく行動を十分に観察して行う。

——**良きリーダーは、言葉だけでうかつに人を判断しないものだ。また、見かけが悪かったり地位が低いという理由で、その人の言葉を軽んじたりしないものだ。**（衛霊公第一五—二三）

とりわけ人事がらみの評価は不平不満の最大の原因になりますから、拙速な判定に走らないように気をつけることです。

（4）部下の長所を活《い》かして使う。

——**よきリーダーは、部下の長所を伸ばして使い、部下の欠点をあげつらったりしないものだが、小物《こもの》はその逆ばかりをする。**（顔淵第一二—一六）

これは人を使う時の鉄則です。部下を鍛《きた》えると称して、部下の苦手な仕事ばかりさせれば、イジメられていると恨まれるのがオチですし、仕事の能率も上がりませんから、リーダーとしての資質も問われかねません。

有能な部下や後輩は競争相手になるかもしれないから早いうちに潰しておこうなどと、さもしい了見《りょうけん》を起こしていては、それ以上の出世は絶対に望めません。

（5）部下の都合を考えて使う。

――**民を使うに時をもってす**。（学而第一―五）

この言葉は、諸侯が農民を使役する時には、自分の都合ばかりを考えずに農民の立場に立って農繁期などを避けよ、という意味ですが、人を使うすべての場面に応用できます。部下が手いっぱいの時に仕事を命じてもいい仕事はできず、最終的には命じたリーダーの資質が問われます。

（6）部下を万能ロボットのように扱わない。

――**備《そな》わるを一人《いちにん》に求むることなかれ**。（微子第一八―一〇）

この言葉は、孔子が尊敬してやまなかった魯国の始祖の周公旦《しゅうこうたん》の言葉ですが、――**一人の人間に万能を求めてはならない**。――という意味です。孔子はしばしば引用していたようで、『論語』には二ヶ所に出てきます。部下を万能ロボットのように扱えば部下を潰してしまうばかりでなく、端《はた》からはエコヒイキをして公正力を欠いたリーダーだとの烙印を押されかねません。

以上の中の（4）から（6）までは、自分の手柄のために有能な部下をコキ使って潰してしまう上司への諫《いさ》めです。以前は、有能な投手を短命に終わらせてしまって自分は〝名将〟と讃えられた野球監督が何人もいたものですが、「一将《いっしょうこう》功成《な》って万骨枯《ばんこつか》る」では名将に値しません。

（6）は、「部下の能力に期待しているから、使っているのだ」との言い訳をしばしば耳にしますが、期待は過剰期待になりがちですから、よくよく気をつけることです。親子が不和になる原因も、親が子供に過剰期待をしたり、子供が親を何でも叶えてくれる打ち出の小槌のように思い込ことから引き起こされている場合が大半なのです。

周公旦の言葉は、『論語』の中でも私が最も推奨したい言葉です。

「一人《いちにん》」というのは何も人間に限ったことではありません。原発事故もすべての原動力を電気一つに頼ったための事故でした。組織も機械も複数の力の補完によって初めて本来の機能を発揮できるものなのです。

（7）部下には寛大・寛容であれ。

初めてリーダーになった者は、昨日までの同輩が部下になるという例もありますから、甘い顔をしていては部下にナメられるとばかりに厳しく振る舞いがちですが、孔子はこうアドバイスしています。

——**寛大であれば人望を得られる**。（堯曰第二〇—三）

——**部下の小さな過失を許す度量を持て**。（子路第一三—二）

寛大というのは甘いという意味ではありません。部下を育てるのはリーダーの重要な任務の一つです。部下の失敗の責任をかぶるのを恐れて、有能な部下にだけ仕事を任せていたのでは、組織全体の底上げができません。時として失敗を覚悟で未熟な部下に仕事を任せることも上司の役目なのです。その時の覚悟が寛大、寛容、小過を許す度量です。

さて以上の人使いに関する7項目をまとめると、以下の三点に要約できます。

◎**【部下の使いの三原則】**

（一）部下の長所を活かして使う。

（二）部下の都合を考えて使う。

（三）特定の部下に集中しないで幅広く使う。

2　褒《ほ》め方と叱《しか》り方

【最難関問題】　部下使いの三原則を遵《まも》っていても不公平感を持たれる最大の原因は、〈褒め方〉と〈叱り方〉にあります。

褒め方と叱り方は、歴史上の英雄偉人たちにとっても最も頭を悩ませる超難問題でした。気性の激しい織田信長は褒め上手ではありましたが叱り方が苛烈すぎて部下の明智光秀に殺され、それを身近で見ていた豊臣秀吉は「人たらし」と呼ばれるほどの褒め上手ぶりを発揮して天下を取り、さらに身近で二人を観察していた徳川家康は褒め方と叱り方の双方に磨きをかけたので長期政権を築けたのだと評されています。

部下に悪く思われたくないから叱らないというのは論外です。それでは組織をまとめられません。「叱る」は、相手を認めない「怒る」や「貶《けな》す」とは次元を異《こと》にするものです。

【孔子の体験】じつは、孔子といえども褒め方と叱り方には悪戦苦闘しているのです。若い頃の孔子は、けっこう感情を顕《あら》わにして弟子を怒鳴りつけていたようです。弁舌のさわやかな弟子の宰《さい》我《が》が怠けているのを発見した時には、こう当たり散らしています。

――**腐った木には彫刻はできん。ヘドロで造られた壁には上塗りは不可能だ。お前などは教育するにも叱るにも値しない。他の弟子たちもようく聞け、これからは言葉だけでは誰も信用せんからな！**（公冶長第五―一〇）

大男で声量もあり顔立ちの厳《いか》つい孔子でしたから、弟子たちはさぞや縮《すく》みあがったことでしょう。

しかし、後には同じ宰我を叱るにも、次のように自分自身に言い聞かせて感情的になるのを抑《おさ》えています。

――**起きてしまったことは、グチるまい、問いつめまい、責めたてまい。**（八佾第三―二一）

叱る前にこうした呪文《じゅもん》（？）を唱えておけば、自分の言葉に興奮して金切り声を上げたり、ネチネチとイビったりせずにすみます。これは叱り方のコツというよりも基本中の基本です。感情的になって相手を追い詰めるのはパワーハラスメントであって叱っているのではないのです。孔子はこうアドバイスしています。

――**人が反省しないからといって、あまりに厳しく責め立てれば、反省させるどころか、かえって反逆や逆恨《さかうら》みを引き起こす原因になりかねない。**（泰伯第八―一〇）

（1）相手を問いつめ過ぎたり、追い詰め過ぎないように気をつける。

では、具体的にどうすればよいのでしょうか？

（2）叱る前に深呼吸なり呪文を唱えて①心を鎮《しず》め、②誰を叱るかでなく、何を叱るのかを考えてみる、ことです。

孔子がたどり着いたのもそうした方法でした。褒める場合も同様です。

――**わたしは人を理由なく叱ったり褒めたりはしない。褒める場合でも、それが万人が納得できるものであるか否かを十分に確かめてから褒めるのだ。**（衛霊公第一五―二五）

（3）叱る場合も褒める場合も、その理由を相手や周囲が理解できるように示す。

ミスを誤魔化す部下は論外ですが、ミスを犯した者は往々にしてミスであることにすら気づいていないものです。そこで上司は、「こんなこと言われないとわからんのか！」とか、「何度おなじことを言わせる気だ！」と言いがちですが、それは禁句です。

ことわざにも「二度教えてから一度叱れ」とありますが、繰り返し教えるのも上司の役目なのです。ロクに教えもせずに部下のミスを指摘して「仕事は教わるものでなく、盗むものだ」などとウソぶく上司がいますが、そんな上司ほど盗むほどのスキルを持っていないものです。

最初からあまりにハードルを高く設定し過ぎて、期待に応えられないからと叱るのも禁物です。それでは、叱られたほうはアラ探しをされたような気になり、こんな上司の言うことなど聞くものか、という気にさせてしまいます。

さて、部下にミスの形態と所在を理解せることができたならば、次には、

（4）部下と一緒に失敗の原因を見つけ、共に解決方法を考える。

同じミスでも、どうしてそうしたミスを犯したのかの原因や理由は、人によって千差万別です。そこを無視して同じように叱っていてはミスは改善されません。それでは、やはりリーダーとしての資質を問われることになります。（4）は叱り方の秘訣中の秘訣ですから、しっかりと身につけてください。「お前のためを思って叱っているのだ」などと言っているうちは、まだダメで、「自分のためだ」と思えるようにならなければ、親身《しんみ》になって原因を探し、解決方法を考えることなどできません。教えることによって逆に教わるというのは、私の体験からしてもまったくの真実ですが、叱るというのも一対一の閉ざされた空間内でのやり取りでなく、目指す方向は組織全体（ひいては人類社会）の向上のためなのです。

（1）～（4）の総てをマスターできたなら、ミスを個人の問題に矮小化することもなくなり、グループや組織の共通問題にすることができ、その解決法を組織の財産とすることができるようになるのです。

褒める場合も同様です。ただ個人の手柄を褒め上げるのでなく、何が功績の要因かを見つけ出し、それを組織全体に周知させ、誰もが功績を上げられるようにしてこそ最良の褒め方と言えるのです。

リーダーがどのような叱り方や褒め方をしているのかを見れば、その人物ばかりでなく、その組織の実力がわかるというものです。

【時と場所】 次は、①いつ②何処で叱ったり褒めたりすべきかの問題ですが、まずは②から見ていきましょう。

（5）原則として、褒めるのは人前で、叱るのは陰で行う。

孔子はこんな体験をしています。

ある時、古参弟子の子路が琴を弾いているのを聞いていた孔子が、他の弟子たちがいる前で「どうも子路の琴の音はガサツでいかんな」と批判したのです。すると、それまで子路を兄弟子として敬《うやま》っていた弟子たちが子路を軽んずる態度を見せるようになったのです。そこで孔子は慌てて、「**子路の琴の腕前は、ほとんど一流に近いところまでいっているのだ。ただ、改善の余地があるという意味で批判したのだ**」と弟子たちに言い聞かせました。（先進第一一―一五）

そうしたことがあった後のことです。弟子の子游《しゆう》が武城《ぶじょう》の町の代官になったので孔子が訪問すると、子游は町民に難解なクラシック音楽を聞かせていました。そこで孔子は笑って「おいおい、こんな高尚な曲を彼らに聴かせるのは場違いだぞ」と忠告しました。すると子游はムキになって、「でも先生は民衆を文化的に育てよと仰言《おっしゃ》ったではないですか」と反論しました。孔子はその時、同席していた役人たちに向かって、**「いやいや、彼の言う通りだ。今のわたしの発言は冗談だよ」**と取りなしました。（陽貨第一七―四）

孔子は、子游の行為が〈中庸〉を得たものでないと思ったのでしょうが、おそらく子路の時の経験を活《い》かして、人前で子游を批判するのを手控えたのでしょう。

【面子《メンツ》】　人前で叱るのは、とりわけ少子化で育って叱られ慣れしていない日本の若者や、一人っ子政策や強烈なメンツ社会で育っている中国人を叱る際は大厳禁です。個人がした失敗を全員に知らせておきたい時には、個人名が特定できないように一般論として話す気配りも大切です。

【人格表現】　褒めたり叱ったりすることが、とかくメンツの問題となってこじれるのは、褒め言葉や叱り言葉が相手の人格や肉体に踏み込むためです。叱る際に「バカ」だの「デブ」だのと人格や肉体非難をしてはならないのは当然ですが、褒める時にはよかれと思ってついつい人格に触れがちなものです。褒め言葉を人格にまで及ぼせば、必ずと言ってよいほどヤッカミの声が生じます。孔子は弟子の顔回《がんかい》の人格を絶讃していますが、その大部分は顔回の死後のことです。生前にあれほど絶讃されていたなら、孔子塾といえども顔回は他の弟子たちからヤッカまれてイジメに遭っていた可能性が大だったでしょう。

部下を慢心させるといけないので滅多に褒めないという上司がいますが、人を慢心させるのも褒め言葉が抽象的であったり、人格評価になっているためです。

（6）叱り言葉や褒め言葉を人格に及ばさない。

【比較表現】 他者との比較も、人格批判に類似してメンツ問題に発展しやすいものですから、「誰それはできるのに、なぜお前はできないんだ」といったセリフも禁物です。ライバル意識を煽ってやる気を起こさせるつもりなのでしょうが、組織の団結力を壊しているだけのことです。家庭でも、兄弟姉妹を比較して叱ることが、子供を非行に走らせる主要な原因として指摘されているのです。

孔子の言葉でよく知られた ―― **過ぎたるは、なお及ばざるがごとし**。（先進第一一―一六）――は、弟子の子貢が弟弟子の「子張と子夏はどちらがすぐれていますか？」と質問した際のものですが、孔子は直接的にはどちらが優れているとも答えていません。子貢は経済に明るく数字に強かったせいか、物でも人でも軽重優劣を比べないと気がすまなかったようで、――**お前は賢**《かしこ》**いんだね、わたしには人を比較批評しているヒマはないよ**。（憲問第一四―三一）――と孔子にたしなめられています。

その孔子が、「**お前と顔回とは、どちらが優れているかね？**」と子貢に質問している場面（公冶長第五―九）があります。そこで子貢が、「わたしなどは顔回の足もとにも及びません」と答えると、孔子は、「**そうだろう。わたしも彼には及ばないよ**」と子貢をフォローしています。

おそらくこれも、一歳年長の顔回にライバル意識を剥《む》き出しにしている子貢をたしなめるための問答だったのでしょう。

ライバル意識は自主的に生み出された適度なものであってこそ有効なのであり、外部から無理やり煽り立てるのは百害あって一理なしです。

（7）人と比べて褒めたり、叱ったりしない（いたずらにライバル意識を煽らない）。

【タイミング】　次は①のいつ叱ったり褒めたりすべきかの要点ですが、これは場所とも絡《から》む意外と難しい問題です。なるべく時間を置かないというのが原則でしょう。相手が忘れた頃になって叱ったり褒めたりしても効果はありません。逆に上司はもう忘れているだろうなァと胸を撫《な》で下ろしている頃に叱ったのでは逆恨みの原因にもなりかねません。一つのことを繰り返し叱ったり、話しのタネにしたりするのも逆恨みの因《もと》です。

【頻度】　のべつに叱ったり、やたらと褒めていても効果がなくなります。そこで肝心なのが頻度と、「叱る」と「褒める」のバランスです。

『論語』の中で孔子が弟子を褒めている章句は全五一二章句中およそ二〇、叱っている章句は一六ほどあります。『論語』を孔子の晩年の四年間の言行録とみなすと、孔子は一ヶ月半弱に一度の頻度で、弟子を褒めたり叱ったりしている勘定になります。このうち、弟子の宰我《さいが》は叱られっぱなしで、対照的に顔回は褒められっぱなしです。『論語』に顔を出す回数で御三家の子路・子貢・顔回の三人の褒められ場面と叱られ場面を比べてみると、およそ二〇対九となり、孔子が褒めて弟子を育てていたことがわかります。

大まかに言えば、孔子塾での孔子は、一ヶ月半に一度の割で弟子を褒めるか叱るかしており、褒めると叱るのバランスは、二対一だったと見てよいでしょう。この頻度とバランスは、私の教職体験から判断しても、集団や個人に当てはめてよい数値です。この比率を頭に置いて指導すれば、個人も集団も、萎縮も慢心もせずに伸びていくでしょう。

（8）叱るも褒めるもタイミングを考え、一回叱ったら二回強は褒めよう。

【最終段階】 こうした試行錯誤の末に、孔子は徐々に褒め方・叱り方の名人の域に到達していったのです。

――**清廉で知られた伯夷《はくい》と叔斉《しゅくせい》の兄弟は、人の悪事を憎んだが、いつまでも言いつのるようなことがなかったから、人から恨まれることがなかった。**（公冶長第五―二三）

――**本当に相手を思いやってのことなら、叱っても恨まれることはない。**（里仁第四―四）

孔子が到達したのは「罪を憎んで人を憎まず」の境地だったと言ってよいでしょう。弟子たちが孔子に叱られたことを恨みがましく思わず懐かしく思い出しているからこそ、『論語』には数多くの叱られ場面が記載され、今日に伝わっているのです。

以上が、部下に対する公正力であるⅰ公平平等を磨くための要点です。以下は、リーダーが自分自身に対して公正力を発揮するⅱ公明正大を磨くための要点です。

3　公明正大

【率先垂範《そっせんすいはん》】部下が失敗をした時には怒鳴りまくるのに、自分が失敗をした時には知らんぷりをしたり言い訳をしているようでは、ゴマすり部下以外はついてきません。孔子はこう述べています。

――**過《あやま》ちては、すなわち改むるに憚《はばか》ることなかれ。**（学而第一―八）――**過ちに気づいたら、直ぐに改めよう。**

孔子の弟子たちもこんな言葉を残しています。

――**小人物は、失敗をすると、謝る前にまず言い訳をする。**（子張第一九―八）

――**よきリーダーは過ちを隠し立てしないから、日蝕や月蝕のように過ちが誰にもわかる。しかも、すぐに改めるので、人々が日蝕や月蝕の後に再び畏敬《いけい》をこめて太陽や月を仰ぎ見るように部下はつき従ってくる。**（子張第一九―二一）

孔子はこう言い切ってもいます。

――**過ちを改めようとしないのを、本当の過ちと言うのだ。**（衛霊公第一五―三〇）

失敗したと気づいたなら、どんな立場にあろうが、まずは「すみません」と謝ることです。そうすれば、相手も自分も冷静になれ、失敗の原因追究もきちんとできるようになります。先に謝ると裁判に負けるからアメリカ人は「アイムソリー」を口にしない、日本人は謝り過ぎだと主張する識者がいますが、昔はいざ知らず、今ではアメリカ人もすぐに謝ります。きちんと謝れば訴訟沙汰にならないことがわかってきたからです。逆に、昔から潔《いさぎよ》く謝ることを美徳としてきた日本人は、今では企業家も政治家もすっかり謝り下手になってしまいました。アメリカでは通りや乗り物の中で「イクスキューズミー」や「ソリー」の声を絶えず耳にしますが、日本ではそうした際に頻繁に使われていた「ごめんなさい」や「すみません」も死語同然になっています。

失敗をすると、まず隠そうとする、隠せないとわかると不可抗力に見せかける。それでも言い逃れができないとわかると謝罪儀式を開いて深々と頭を下げてみせる。だが、そのまま地位にはしがみつく。今や日本ではお馴染みの展開ですが、これでは誰も本気で謝罪していると受け取らないのは当然でしょう。

リーダーともなれば、失敗はリーダーの責任ですから、「想定外」と逃げを打ったり、原因を部下になすりつけるようでは失格です。責任が部下にあっても、まずはリーダーが先に謝罪すべきです。これも孔子の時代からの鉄則です。

――**失敗した時には、まずは責任者である自分を強く責め、次いで部下を責めれば、被害者からも部下からも恨まれることが少なくてすむ。**（衛霊公第一五―一五）

素直に失敗を認めるには、失敗をマイナス事項として捉《とら》えるのでなく、個人や集団の財産とみなすことが肝心です。そうすれば失敗を隠し立てする風潮もなくなり、ことわざにもある通り「失敗は成功の基《もと》」となって生きてくるのです。

（1）リーダーは自分の失敗に気づいたなら、①公表して、②すぐに改めよう。

（2）失敗はマイナスでなく、財産であるとみなそう。

4　礼儀作法

【礼儀とは？】　リーダーが地位にあぐらをかいて普段から威張り散らしていては、自ら失敗した時に潔く失敗を認めて謝ることなどできません。それを防ぐには日頃から部下に対して礼儀正しく振る舞うことが肝心です。

「礼」は「仁」と並ぶ孔子の思想のキーワードですが、「仁」とは思いやりの心であり、「礼」とは思いやりの心が外に形となって表われ出たものを指します。ですから、見た目がどんなに優雅な挙措動作でも、そこに思いやりの心が込められていなければ、いわゆる慇懃無礼《いんぎんぶれい》の類《たぐい》で、「礼儀正しい態度」とは呼べないのです。

新人やヒラの間は特別に気をつけなくても礼儀正しさを保っていられますが、わずかでも出世をすると驕《おご》り高ぶりがちなものです。ですから、リーダーになったなら、それまで以上に意識して礼儀正しさを身につけるように心がけることです。

上司と部下の地位はいつ逆転するかわからないので、今では全員を「さん」付けで呼び合う職場も多くなりましたが、同じ学校や体育系クラブ出身の後輩などには「くん」付けどころか「お前」や「あんた」呼ばわりをしがちなものです。孔子は、——**後生畏《こうせいおそ》るべし**。——と述べて自分自身にこう言い聞かせています。

——**後輩をあなどってはいけない。これから成長してくる者が、この先も自分より劣っているなどとは誰も断言できないのだから**。（子罕第九—二三）

（3）部下や後輩に礼儀正しく接しよう。

さて以上の（一）部下の扱い方、（二）褒め方と叱り方、（三）自分自身に対する公平と部下との接し方、の三点を一通りマスターできたなら、「公正力」を活性化できたと判断してよいでしょう。しかし、いずれの項目も短時間で活性化しようとすればするほど付け焼き刃になりがちなものですから、場数を踏んで急がず慌てずじっくりと磨き上げることが肝心です。

Ⅲ　思考力を磨く

【思考力とは？】　公正力を活性化して、公平平等で、公明正大な人柄と認められれば、さらに一段上のリーダーに推されます。中級のリーダーに昇格すると、それまでのように上からきた命令を実行するだけでなく、企画を立てることも要求されるようになります。この段階で活性化すべき「力《パワー》」が、思考力です。思考力は、ⅰ学習力と、ⅱ独創力の二つの要素から成り立っています。

孔子は一五歳の時に学問をバネに世の中に打って出ようと決意したくらいですから、思考力の活性化もお得意のテーマでした。

『論語』の中で孔子は再三にわたって――**わたしは天才でもなければ、独創的な思想家でもない。**（述而第七―一・二・衛霊公第一五―三）――と述べていますが、それは謙遜ではなく、当たり前のことを当たり前に教えているのだという自負の表明でした。つまり、孔子は弟子たち向かって、自分がしてきたようにすれば誰もが自分のようになれるのだと教えているのです。

では、孔子が思考力を養うのにとった方法とは、どのようなものだったのでしょうか？　これもⅰ・ⅱの順に見ていきましょう。

1　学習力

【学習と思考】　孔子の目標は乱れた魯国の政治と社会を建て直すことでした。つまり、それが上司から与えられたプロジェクトに該当します。このプロジェクトを遂行するには何をどう始めたらよいのか？　それが問題です。誰もがまずは独りで考え出そうとするでしょう。しかし、孔子はそれに待ったをかけています。それではいたずらに時間を取られてしまうというのが理由です。

――**わたしは以前、食事もとらず寝るのも惜しんで独りで考えたが、ムダだった。学ぶに越したことはない。**（衛霊公第一五―三一）

そこで孔子は、猛烈に学ぶことを開始しました。『詩経《しきょう》』や『書経《しょきょう》』といった古典文献を読んで過去の事柄を知ることに努めたのです。まずは、①既存の知識の習得です。

この段階で大切なことは、既存のデータを読む時に疑問を持って読むことです。権威ある文献であればあるほど疑って読むのです。プラス思考というのは、何でもかんでも否定せずに受け入れることだと誤解している人がいますが、書物を読む時には内容を全否定するくらいの気持ちでアラ探しをしながら読むのが思考力を養う秘訣であり、それが前途を切り開くプラス思考なのです。知識を学ぶことと、自分が独りだけで考えることとの関係を孔子はこう述べています。

――**既存の知識を学ぶだけで自分の頭で考えようとしなければ、新たな状況に対応できなくなる。といって自分の頭だけで考えて既存の知識を学ぼうとしなければ、独断に陥る危険がある。**（為政第二―一五）

ここでも両者の〈よい加減〉すなわち〈中庸〉点が求められているわけです。自分の頭で考えるのははじめはなかなか難しいでしょうから、まずは②アラ探しをする、ことで代用させるのです。一字一句ずつ否定するくらいの気持ちでデータを読み込むのです。

【疑問の収集】　この段階で大切なことは、「狭く深く」よりも「浅く広く」を心掛けることです。もちろん「広く深く」ができれば最高ですが。

学習に必要なのは記憶力や暗記力だと思っている人が多いでしょうが、実際には的確なデータを収拾する能力です。そのためには、自分が知らないことを知らないと認める素直さが不可欠です。孔子は、鼻っ柱の強い弟子の子路にこう諭《さと》しています。

――**知っていることは知っているとし、知らないことは素直に知らないと認める。それが知るということなのだぞ**。（為政第二―一七）

アラ探し的なデータの読み込みの結果、疑問点や理解不能なところが見つかったらシメタものです。しかし、まだ自分で考えるのは早すぎます。この段階では、孔子は答を知っていそうな人物を訪ね歩いています（子張第一九―二二）。現在ならばさしずめネットで検索するところでしょうが、可能な限り人に会って訊《き》くことの方が有益です。人に会えば、意外な情報を手に入れられたり、別の人を紹介してもらえたりもします。ここで、Ⅰの行動力を磨くの項で身につけたフットワークと、わからないことを誰にでも質問できるⅡの公正力の項で身につけた謙虚さや礼儀正しさが生きてくるのです。孔子は、こう言っています。

――**目下の者や後輩に質問をすることを恥じてはならない**。（公治長第五―一五）

質問をすると、「そんなの当たり前じゃないか」と言われるのがイヤで質問をしないという人がいますが、「当たり前じゃないか」と言われたら、これまたシメタと思うべきです。誰もが当たり前と思い込んでいる事柄や、専門家がシロウトに納得できるように説明できずに「そんなの当たり前じゃないか」というセリフが出る部分にこそ大発見や大発明の糸口があるのです。「当たり前と思えない自分は頭が悪いのだ」などと思い込むのは絶対に禁物です。

【全体像をつかむ】　解決できなかったり納得できなかった疑問点はノートに書きとめておき、さらに関連データを集めてアラ探し的な読み込みを続けます。この段階は漠然とでよいから全体像をつかむことが目標なのです。孔子は、——**昔の優れた史官は疑わしい事柄は記録せずに空白にしておき、後世の知識ある者が書き込めるようにしておいた。**（衛霊公第一五—二六）——と述べていますが、まさにその要領で空白部分をスキップオーバーして全体象をつかむのです。

真面目な人は、空白域をそのままにしておけずに、この段階で自分で答を考え出そうとしがちですが、まだ早計です。全体像がわかれば自然と答がわかる空白域が少なくないのですから、ここで考えていては時間のロスになります。

資格試験に備えて丸暗記をするような場合でも、まずは全体像をつかむのが秘訣です。例えば英単語辞書を丸暗記するような場合、要領の悪い人はAから完璧に覚えていこうとします。そのため忘れたと思うとAに戻って覚え直し、なかなかZまでたどりつけません。それよりは、忘れることを恐れずにAからZまで一度通して荒覚えをするのです。それで全体像をつかんでおいて反復した方が遥かに早く確実に全体を覚えられます。学校時代の教科書なども卒業してから読み直してみると驚くほど容易に理解できるものですが、これもおぼろ気にせよ全体像をつかんでいるからなのです。

以上が思考力を構成するi学習力を高めるための要点です。

（1）既存の知識を以下の要領で習得する。

①集めた資料を全否定するくらいのつもりで読む。

②浅くてもよいから広くを心がけて全体像をつかむ。

③疑問点や理解不能な点は記録して先に進み、後からまとめて人に訊く。

【独学の悲劇】　ほぼ全体像がわかり、解決できない疑問点（＝空白域）を特定できたなら、いよいよ自分の頭で考える段階です。繰り返しになりますが、ここまでの手順をきちんと踏んでおかないと、とんだ悲劇に陥りかねません。以前にある著名な数学者（たしか穂刈四三二《ほかりしさんじ》氏だったと思うのですが）のこんなエッセイを読んだ記憶があります。

氏がまだ大学を出たばかりで旧制中学校の教員をしていた時に、ずば抜けて数学のできる生徒がいました。氏も目をかけて指導したのですが、生徒は家が貧しくて一年足らずで退学してしまいました。それから一〇数年たった頃、大学の教員になっていた氏のもとに「自分は数学の大発見をしました」という手紙と共に数冊の粗末なノートが送られてきました。そのノートには、かって退学した生徒が仕事の合間に苦労して独学でたどり着いた二次方程式の解法が克明に書かれてあったというのです。

これは、「独考」の悲劇と、「独創」と「独考」の相異を示すエピソードでもあります。「独創」のためには一見、反独創的に見える既存の知識の収集が不可欠なのです。

2 独創力【温故知新《おんこちしん》】

さて既存の知識を収集して目標とすべきものの全体像をつかめたなら、いよいよ空白域を埋める独創力を発揮する段階です。

読者の多くもこれまでに学校や職場で「独創性を身につけろ」と言われた経験があるでしょう。しかし、どうすれば独創性が身につくのかを教わった人はまずいないでしょう。せいぜい「自分の頭で考えろ」や「視点を変えてみろ」くらいが関の山だったはずです。その点、孔子は遥かに親切かつ実践的な教育者でした。

孔子が提唱している独創力の開発方法は、収集した既存の知識を現代風に解釈し直す〈温故知新《おんこちしん》〉という方法でした。


——**故《ふる》きを温《あたた》めて新しきを知れば、もって師たるべし。**（為政第二―一一）——**先人の学説や業績を学んで、それに現代風な解釈をつけ加えれば、人の師となることができる。**

温めるを、京都大学教授で『論語』の訳者の貝塚茂樹氏は、「煮詰めておいたスープを温め直すように」と解釈しています。

何だそれではスープの中味は変わらないただの〝パクリ〟じゃないかと思う人もいるでしょう。しかし最初はそれでよいのです。多くの人は、独創というのはまったくの無《む》から有《ゆう》を生み出すことだと誤解しているのです。そのために、「自分には独創力がない」と諦めてしまっているのです。

〈温故知新〉とは、原曲のアレンジといったところです。すでに生み出されているアイディアが上手くいっているのなら、それに少しばかり改良や新解釈を加える、良いアイディアなのに実行されていなければ再生してみせればよいのです。

【独創はパクリだ】　孔子自身も〈温故知新〉を実践しています。孔子の徳治政治も、教育による社会改革思想も、孔子が生み出しものではなく、孔子が生まれる六〇〇年も以前に周王朝が手がけた政策の焼き直しであったことはすでに指摘した通りです。周王朝は村々に小学校を造って庶民のレベルアップを図ろうとしましたが、その後の政治的混乱でそれどころでなくなってしまっていたのです。

孔子の時代にも貴族階級の子弟の教育機関はあったのですが、孔子はそれにアレンジを加えて、入学金を支払った者を身分や国籍に関係なく誰でも受け入れる私塾を開いたのです。言ってみれば孔子の私塾開設も基本部分は既存施設のパクリだったわけです。ちなみに、孔子塾の入学金は、庶民は塩つきの家鴨《あひる》の干し肉一束で、当時の最も安価な礼物でした。孔子のアレンジは大成功し、孔子塾の十人の高弟である「孔門十哲《こうもんじってつ》」の中には、賤民出身の仲弓《ちゅうきゅう》がおり、外国出身者には、子貢、子夏、子游の三人が名を連ねています。

福沢諭吉氏の場合のアレンジは、学生全員から月々同一額の授業料を取ることでした。授業料を支払った者は、身分や、幕府派・反幕派に関係なく誰をも塾生としているのは孔子と同じです。今でこそ定期に定額の授業料を金銭で取るなど当たり前のことですが、それがどれほど独創的であり、世間から奇異の目で見られたかを福沢氏は自負を交えて『自伝』の中で語っています。

【コロンブスの卵】　工業製品の発明も九九パーセントまでが先行品のイメージにプラスα《アルファー》を加えたものであることは、初期の自動車が馬車を模倣してステップが付いていたことや、旅客機が旅客船を模倣して造られ、デッキだのキャビンだのと各部の名称が旅客船から引き継がれていることからも明らかです。その他の一パーセントの大発明や大発見も、すでにあるものにプラスαをつけ加えていることに変わりはありません。

程度の差はありますが、大半のプラスαは実現されると当たり前に思えて、独創的でないと見られがちです。しかし、そうした「コロンブスの卵」的な一見取るに足らないプラスαにこそ独創の本質があるのです。

ちなみに「コロンブスの卵」の逸話は日本人にはお馴染みのものですが、改めて紹介しておきましょう。

ある男が居酒屋で、「西へ西へと航海して陸地を発見したのがどれほどの手柄だ」とコロンブスを冷笑した時、コロンブスは食卓の茹《ゆ》で卵を手に取って男に示し、「ではこの卵を立ててみよ」と言いました。そこで、男はやってみたが立てられない。すると、コロンブスは卵の端を食卓に打ちつけて難なく立ててしまいました。

その後の顛末《てんまつ》は書かれていませんが、コロンブスの行為を見た男は、「なんだイカサマをしやがって。割っていいのなら誰にだってできる！」とわめいたに相違ありません。

では、なぜ男はコロンブスと同じことができなかったのでしょうか？　男の頭の中には、「立てる」という行為は建設的イメージと固く結びついており、卵を割るという破壊的な行為を思いつけなかったのです。

【分離と結合】　人間は、すでに結合されている知識を分離してみたり、分離されている知識を結合させることが不得手です。例えば、「コロンブスの卵」の逸話が有名になると、今度は「卵」は「割らずには立てられない」という新たな結合意識が生まれ、とりわけ日本では永らく信じられてきました。ですが実際には、茹《ゆ》で卵はともかく生卵《なま》なら割らずとも立てられます。中国では卵は春分の日に立ちやすいとされ、春分の日に生卵を立てる風習があったくらいなのです（もちろん春分と結びつけたのは、誤った結合意識の産物ですが）。

日本では「コロンブスの卵」の逸話は戦前まで小学校の教科書に載っていたので、ほとんどの日本人はこの逸話を知っています。そのため世界的に知られた逸話であると思い込んでいます。しかし、この逸話はコロンブスの偉業を讃えるために後にイタリアで創作されたもので、欧米ではほとんど知られていないのだそうです。ですから、「コロンブスの卵」ということわざは英語辞書には載っていません。これまた誤れる結合意識の好例といってよいでしょう。

（一）結合されている知識を分離してみる。

（二）分離されている知識を結合してみる。

独創的と評価されている発明や発見は、（一）か（二）のいづれかの操作によって生み出されているものです。この操作こそが、私たちが大発明や大発見と呼んでいるものの正体にほかならないのです。

自由落下に関する「ガリレイの法則」は、それまで結合されていた「重さ」と「落下速度」とを分離させた結果の発見でしたし、時間に関する「アインシュタインの法則」はそれまで分離されていた「時間」と「伸縮」という概念を結合させた結果です。両人ともまったくの無から有を生み出しているわけではないのです。

独創とは固定観念を打ち破ることですが、固定観念とは強固な分離意識や強固な結合意識のことですから、(一)や(二)の操作がとりもなおさず独創につながるのです。

言ってみれば、独創とはすでに知られている知識の組み替えに過ぎません。だからこそ、組み替えるべき既存の知識を集めようとしない**「思いて学ばざる」**(考えるだけで学ばない)はダメであり、かといって大量の知識を集めても組み替えようとしない**「学んで思わざる」**(学ぶだけで考えない)もダメなのです。

孔子が提唱する〈温故知新〉とは、既存の知識を収集して、それらに(一)と(二)の操作を施して新解釈を生み出すことなのです。これならば誰にでもできるでしょう。

では、ここまでの独創力に関する要点をまとめて起きましょう。

(2)独創力とは、①既存知識に「分離」や「結合」操作を行い、②内容を組み替え、③現代的な新解釈を生み出す、操作のことである。

3　組み替えの要領

【六方図《ろっぽうず》】　では(2)の①~③を、とりわけ②の組み替え操作を、具体的にどのように行えばよいのでしょうか？　それを容易に行えるように私が考案したのが、141頁にある「六方図」です。

まず、「六方図」を理解しやすいように、私が「六方図」を考案するにいたった経緯《いきさつ》を手短に述べておきましょう。

文部科学省はほぼ一〇年ごとに小・中・高等学校の学習指導要綱を改訂していますが、一九八〇年の改定で高校に「国語表現」という科目が誕生しました。「最近の新入社員はレポートもろくに書けないから高校段階でどうにかしろ」との経済界の要請を受けてのことです（二〇〇二年には「ろくに喋れない」とのクレームで、日本語会話を教える「国語表現Ⅱ」が誕生しています）。「国語表現」の目標は論理的な文章を書けるようにすることとされていましたが、その方法は教科担当者に任されていました。そこで私は高校三年生に一年がかりで四〇〇字詰め原稿用紙三〇枚ほどの論文を書かせることにし、まず（ⅰ）テーマを決めさせ、（ⅱ）テーマに関連するデータを集めさせ、（ⅲ）集めたデータをアラ探し的に読んで疑問点を洗い出し、（ⅳ）分離と結合で独自の見解を生み出す、という手順を教えたのです。ところが、生徒は（ⅰ）から（ⅲ）まではスムースに進めたのですが、（ⅳ）の途中で行き詰まってしまったのです。

例えば、ナポレオンをテーマにして資料を集め、アラ探しをして「ナポレオンは英雄である」という従来の「結合」意識を「分離」して「ナポレオンは英雄でない」と主張しようとするところまでは到達できたのですが、肝心のその先の自分の主張を論理的に説明するための新たな結合をどう行ったらよいのかサッパリわからないと悲鳴を上げる生徒が続出したのです。つまり、独創力の要点（２）で示した①はできたのに②で行き詰まったというわけです。

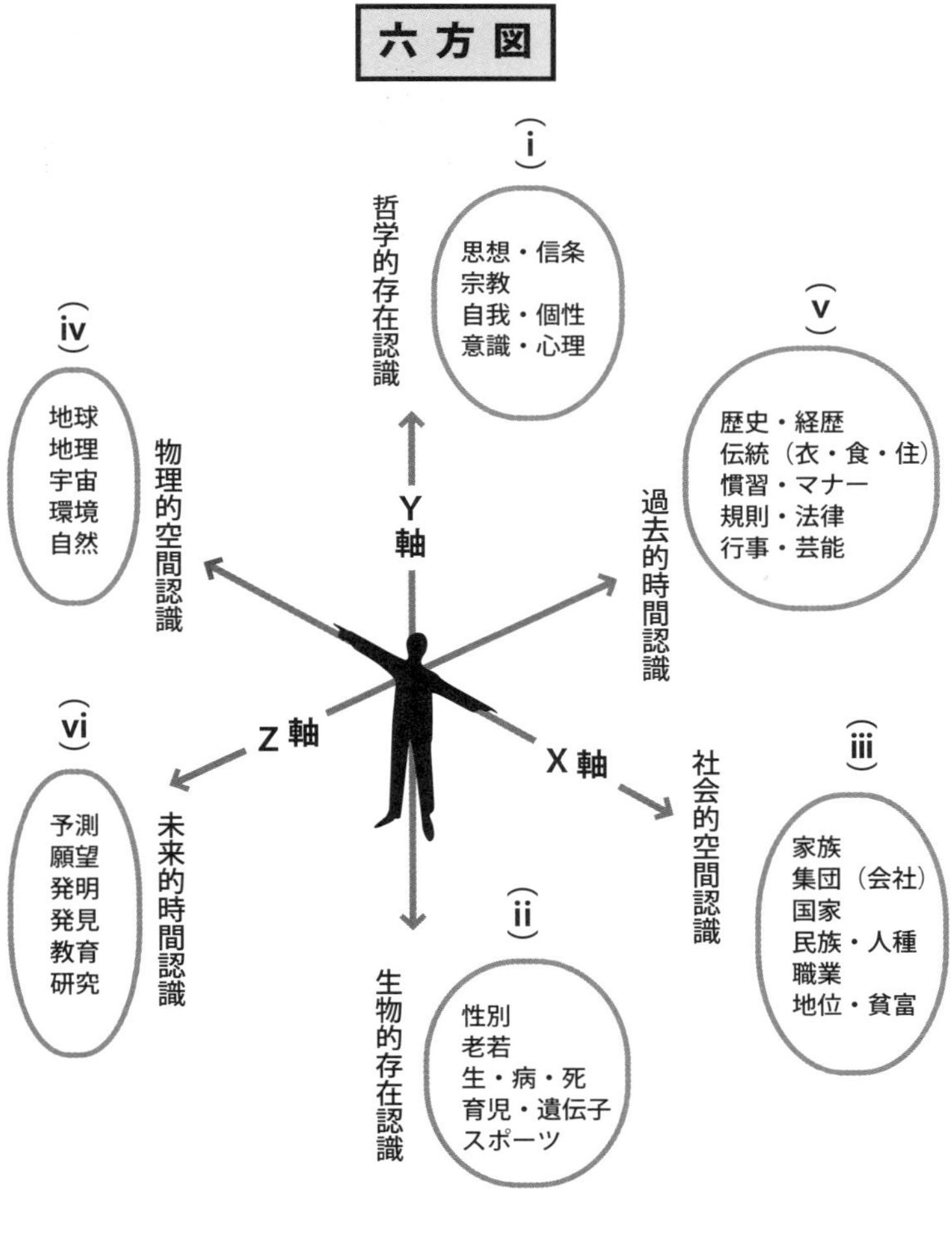
六方図
i
哲学的存在認識
思想・信条
宗教
自我・個性
意識・心理
Y軸
ii
生物的存在認識
性別
老若
生・病・死
育児・遺伝子
スポーツ
iii
社会的空間認識
家族
集団（会社）
国家
民族・人種
職業
地位・貧富
X軸
iv
物理的空間認識
地球
地理
宇宙
環境
自然
v
過去的時間認識
歴史・経歴
伝統（衣・食・住）
慣習・マナー
規則・法律
行事・芸能
vi
未来的時間認識
予測
願望
発明
発見
教育
研究
Z軸

生徒たちは否定教育で育っているせいか、アラ探しや定説を否定（＝分離）する段階までは難なくできたのですが、プラス思考的な「結合」段階で躓《つまず》いたのです。

そこで私は、慌てて市販の発想法に関するハウツー本や学習書を買い込んで読んでみたのですが、いずれの方法も抽象的で時間のかかるものばかりでした。そこで私は、もっと手っ取り早く「結合」相手を探し出せる方法はないかと思案したのです。そうして数年がかりで試行錯誤の末に作り上げたのが「六方図」なのです。

人間は三次元的な存在ですから、まず自分を原点に見たてて、縦方向にY軸を、横方向にX軸を、前後の方向にZ軸を設定します。Y軸は存在論的な人間の捉《とら》え方、X軸は空間的な捉え方、Z軸は時間的な捉え方を表わしています。

次に、わたしたちの身の回りの事柄をY軸の上下、X軸の左右、Z軸の前後に六分轄するのです。Y軸の上方向には哲学的な概念を一グループにして、（i）［思想・信条・宗教・自我・個性・意識・心理……］などを一まとめにします。Y軸の下方向には生物学的な概念を一グループにして、（ii）［性別・老若・生・病・死・育児・遺伝子・スポーツ……］などを一まとめにします。

X軸は左手方向に社会学的な空間を構成する（iii）［家族・集団（会社）・国家・民族・人種・職業・地位・貧富……］などを一まとめにします。右手方向には物理学的な空間を構成する（iv）［地球・地理・環境・自然・宇宙……］などを一まとめにします。

Z軸は後方に過去に属する時間項目である（v）［歴史・経歴・伝統（衣・食・住）・慣習・マナー・規則・法律・行事・芸能……］などを一まとめにし、前方に未来の時間に属する（vi）［予測・願望・発明・発見・教育・研究……］などを一まとめにします。

さて、そうすると、原点に立つ自分自身と自分の周囲の世界を、（i）哲学的な存在領域（ii）生物的な存在領域（iii）社会的な空間領域（iv）物理的な空間領域（v）過去の時間領域（vi）未来の時間領域、の六つの領域に整理分類できます。

なかにはどの領域に分類したらよいか判断に迷う事柄もありますが、それはそれでその原因を追究していけば、立派に独創の種になります。

4　六方図の使い方

【応用例】　六方図の使い方を具体例に説明してみましょう。

『論語』の冒頭に、——**朋《とも》、遠方より来《きた》るあり、また楽しからずや。**（学而第一—一）——**学問や趣味を同じくする友人が遠くからやって来て語り合うのはなんと楽しいことではないか。**——という孔子の言葉があります。これに「分離」や「結合」操作を行って新解釈すなわち独創的な現代語訳を生み出すにはどうしたらよいのか、というのが例題です。

「朋《とも》」は友人の意味で、従来の訳では「孔子と同じ道を志す同好の士」と訳されています。遠方は「遠距離」の意味です。しかし、友人関係が希薄で交通手段の便利な時代に育った現代の若者には、従来の訳では孔子が味わった楽しさが伝わってきません。そこで、孔子の言葉を〈温故知新〉＝現代風に新解釈して、孔子が味わった楽しさに肉薄しようという試みです。

すぐに気づくのは、「朋」の解釈を変えてみることでしょう。つまり「従来の解釈」の分離です。従来の「朋」はY軸の上の（ⅰ）のグループにある「思想や信条」を共にする者の意味でした。それを分離して新たな結合相手を探すのです。ここで生徒は行き詰まったわけですが、そこで出番となるのが「六方図」というわけです。

六方図を利用すれば、天才的なヒラメキなど必要とせずに結合相手を見つけ出せます。例えばY軸の下（ⅱ）のグループを見れば「異性」の友や「年齢の離れた」友と〈知新〉できます。X軸の左（ⅲ）のグループを見れば「外国人」、右（ⅳ）を見れば「宇宙人」とも〈知新〉できます。Z軸の後方（ⅴ）を見れば「歴史上の人物」や「古典作品の著者や登場人物」とも解釈でき、前方（ⅵ）を見れば「まだ見ぬ友」や「教育によって現在の自分とは異なる未来の自分」と解釈することもできます。同様の方法で、「遠方」も従来の意味の「地理的距離」を分離して、三つの軸のグループの中から新たな結合項目を見つければ、「思想や信条の相異」、「性別や年齢差」、「国籍や人種の相異」、「教育や伝統の相異」など幾つもの結合相手を簡単に見つけ出すことができます。

両者を組み合わせれば、「遠い昔の書物を読んで、その作者や登場人物を友とするのは何と楽しいことではないか」、「イヤな奴だと毛嫌いして疎遠な関係だった者と言葉をかわして、意外にイイ奴だと気づいて友人になるのは、何と楽しいことではないか」などと新解釈ができます。これならば、現在の若者も孔子が抱いたのと同じ心のときめきを感じることができるでしょう。

【あら探し法】　六方図を応用すれば、あら探し的に本を読むことがマイナス思考でなく、思考力を高めるプラス行為であることもわかります。Y軸の上を「全肯定」、下を「全否定」とします。X軸の右は「肯定すべき点もある」、左は「否定すべき点もある」とし、Z軸は後方・原点・前方のそれぞれを「肯定・否定」の両方とします。

そうしておくと、「ナポレオンは英雄である」という説に対して、全肯定するのか全否定するのかだけでなく、半肯定するのか半否定するのか、時間軸にそって「昔は英雄で通ったが今は英雄とは言えない」とするのか、「昔も今も英雄だが将来はそうではなくなるだろう」とするのか、あるいは「昔も今も将来も英雄であり続けるだろう」とするのかなど、幾通りもの選択肢を想定しながらデーターを読み込むことができ、混乱を引き起こすことなく自分の考えをまとめることができるようになります。

さらには、――**朋**《とも》**、遠方**《えんぽう》**より来**《きた》**るあり**――に対して、「なぜ遠方でなくてはいけないのだ」とあら探しをしてみると、孔子の身辺には気の合う友人がいなかったのではないかとの疑問も湧いてきます。実際に、『論語』には弟子はたくさん登場しますが、実名で出てくる孔子の友人らしき人物は原壌《げんじょう》（憲問第一四―四五）という名の子供時代のガキ大将らしき老人が一人描かれているだけです。物質的援助をしてくれる友人はいたようです（郷党第一〇―一九）が、孔子は、

――**共《とも》に学ぶ友人は得られても、共に同じ道を歩む友人を得るのは難しい。共に同じ道を歩む友人を得られても、共に決起する友人を得るのは難しい。共に決起する友人を得られても、共に最後まで行動する友人を得るのは難しい。**（子罕第九―三二）――と嘆いているのです。

そうしてみると、『論語』の冒頭の章句は単に遠方から道を同じくする友人がやってくる楽しみを述べているだけでなく、「孤独な境遇を吐露しているのだ」と解釈することも可能です。孔子は、

――**徳は孤ならず必ず鄰《となり》あり。**（里仁第四―二五）――と述べており、従来は「有徳者は孤立しない、必ず同調者が現れる」と訳されていますが、これも孔子が同調者が少なく、周囲から浮いた存在だったからこそ生まれた言葉だとも解釈できます。そのように〈知新〉すると、友人がいないと嘆いている人にとっては、孔子だってそう簡単には友人を得られなかったのだと慰めや励ましにもなるでしょう。

【その他の応用】 従来の「結合」は、正反対のものを思い浮かべるのが一般的な方法でした。1ｓｔステップの冒頭に既出したように、孔子自身も「未来を知りたければ過去を見よ」と、反対軸の応用を提唱しています。しかし六方図を使えば、他の軸にも視点を変えることができ、もっと多くの結合相手を容易に見つけ出すことができるのです。

六方図は全体を見渡すのにも、細部にこだわるのにも利用できますから、レポートや論文を書く際や、商品開発をする際や、既存の製品に改良を加える際などにも使えます。六つのポイントを押さえているか否かを確かめれば改良部分がわかるのです。

あるいは六方図をディベイトに利用すれば、ディベイトなるものが、一方の長所と他方の短所を比較して勝敗を競っているだけものであることにも容易に気づけます。

「頭を柔らかくしろ」という言葉もしばしば聞かれますが、頭を柔らかくするというのは、①あらゆる事柄を仮説とみなし、②組み替え操作をしてみる、ことですから、これまた六方図の出番です。読者も一つ大いに活用してみてください。

（3）「六方図」を活用し、既存の知識の「分離」や「結合」を行う能力（＝独創力）を高めよう。

5　共同作業の注意点

【共同作業】　共同作業も思考力の強化に有益です。「三人寄れば文殊《もんじゅ》の知恵」という言葉がありますが、『論語』にも、行動に関して似たような言葉があります。

――**人が三人で行動したならば、必ず手本を得られる。自分より優れた面を持っている者がいるだろうから、それを手本にし、自分より劣った者もいるだろうから、その者の真似をしなければよいのだ。**（述而第七―二一）

ただし、思考におけるグループ作業は明確な責任体制がないと功名争いになったり、逆にもたれ合いで資金と時間を浪費し、挙げ句に中途半端なアイデアの産出で終わる危険もあります。といって、それを避けようとあまりに厳密な体制や規約を作ると、今度はメンバーが特権意識を持ったり、タチの悪い結合意識や分離意識（＝固定観念や思い込み）を持つようになりがちです。旧日本軍の参謀本部や、近くは原子力発電の専門委員会などはその典型でした。

いずれにせよ、独創力を天才や一部の専門家だけに備わっている能力であるとして、彼らに代考させるのは、個人にとっても組織にとっても自らの首を絞める行為でしかありません。とりわけ政治における代考主義は、ただ一人だけが考える独裁政治に行きつきます。そうした点を考慮すると、わたしたち一人一人が自らに備わっている思考力を活性化させるということは、欲望を持つことがそうであったのと同じく、個人にとってばかりでなく社会の進歩や利益にとっても必要欠くべからざる行為なのです。

Ⅳ　交渉力を磨く

【交渉力とは？】　中級リーダーもベテランになったり、もう一段上の上級リーダーに昇格すると、組織を代表して対外交渉に臨む仕事や、他の組織との交流の機会が増えます。その際に活性化させなければならない「力《パワー》」が、交渉力です。交渉力は、ⅰ説得力と、ⅱ社交力の二つの要素から成り立っています。まずは、ⅰから見ていくことにしましょう。

1　説得力

【話し言葉】　交渉事の基本はいかに相手を説得するかにあり、説得の基本は話術にあります。中国古典の一つである『易経《えききょう》』には次のような一節があります。

――**書《しょ》は言《げん》を尽くさず、言は意《い》を尽くさず**。（繋辞上）――書くことによっては、話されたことのすべてを表現し尽くせない。だが、話すことによっても心に思っていることを完全には表現し尽くせない。これは孔子が言ったものとされ、だから天の真意を知るには易《えき》（占い）に頼るのが一番だと主張されているのですが、『易経』の権威を高めるために孔子の名を騙《かた》った後世の創作とみなされています。しかし至言《しげん》であることに変わりはありません。

文書表現によっても口語表現によっても心の思いを完璧には伝えられないのであるならば、どうしたらよいのでしょうか？

一つの選択肢は思い切って文書表現に比重を置き、それ以外の表現を否定する方法です。近代の西欧社会や、それを手本にした明治以降の日本は、この方法を採用してきました。その結果、歴史でも裁判でも書かれたものだけが証拠や事実として圧倒的な力を持ち、口承や口約束はホゴ同然に扱われているのです。つまり、現代人は心の真意を伝えるのに一番遠くにある書き言葉しか信用せず、それを文明的な制度や理性的な態度と思い込んでいるのですから、現代社会が人間に冷たい社会となるのは、けだし当然と言えそうです。他の選択肢は、書き言葉も話し言葉も斥《しりぞ》けて直感やテレパシーに頼る方法です。「不立文字《ふりゅうもんじ》」を掲げる禅や、占いはその代表格です。しかし、この方法は特別な才能や長期の修業を必要とするいわば天才向きの方法です。

では、孔子はどうしたのかといえば、さすがに現実主義者だけに両極端を廃して話し言葉の世界に踏みとどまったのです。この点はブッダやソクラテスも同様でした。『論語』は、孔子が語った言葉が記録されている書物ですが、語られた孔子の言葉が文章（＝書き言葉）化されたのは孔子の死後のことです。ブッダもソクラテスも生前には著作物をいっさい持っていません。孔子の

――**述《の》べて作らず**。（述而第七―一）――は、〈話し言葉〉に徹するとの宣言とも読めるのです。

日本でも武家社会では「武士に二言はない」という言葉に象徴されるように、話し言葉が書き言葉以上に尊重されていました。中国にも「綸言汗《りんげんあせ》の如《ごと》し」（皇帝が一度発した言葉は、汗同様に元には戻せない）という言葉を重んじる考え方がありました。

【書き言葉の偏重】　ではなぜ、その後の中国は極端なほどの〈書き言葉〉尊重社会になったのかといえば、これまた儒教が孔子の言葉をねじ曲げた結果です。

――**巧言《こうげん》は徳を乱《みだ》る**。（衛霊公第一五―二七）――**口達者は道徳を害する**。

――**言葉は意味が伝わりさえすれば十分だ。辞《じ》は達《たつ》するのみ。**（衛霊公第一五―四一）――

儒教は、こうした孔子の言葉を根拠に、話すことを書くことよりも数段下に置き、読み書きができない一般庶民の政府批判を禁じ、よしんば口頭で政治批判をしたところで、そんな批判はまともに取り上げる必要のない有象無象《うぞうむぞう》のタワゴトとして無視できるようにしたのです。〈書き言葉〉の極端な尊重と、表裏一体の〈話し言葉〉の軽視や蔑視という点では、中国社会は西欧近代社会を一〇〇〇年以上も先取りしていたというわけです。

『論語』には、次のようなエピソードが載っています。ある時、孔子が、――**わたしはもう何も言うまいと思う。**――と呟いた。すると弟子の子貢が、「先生が口を噤《つぐ》んだのでは、わたしたちは何も学べなくなります」と泣きつきました。それに対して孔子は、――**天は何も言わないが四季は巡るし、万物は活動している。天は言葉を必要としない。**（陽貨第一七―一九）――と答えた。

これも孔子が話し言葉を否定した証拠と解釈されたり、孔子が不立文字に接近した証拠と解釈されたりしていますが、おそらく弟子たちが孔子の言葉を真剣に実践しないので孔子が業《ごう》を煮やして発言し、慌てて高弟の子貢が取りなしたというのが真相でしょう。少なくとも孔子は――**わたしはもう何も言うまいと思う。**――と発言するほど日頃は弟子たちにあれこれ話し聞かせていた証拠となる章句なのです。

孔子がいかに話すことに重きを置いていたかは、『論語』が次の言葉で締めくくられていることからも窺《うかが》えます。

――**人の言うことをきちんと理解できないようでは、人間理解など到底できまい。**（堯曰第二〇―五）

孔子塾では師弟の会話が何よりも重んじられていましたが、人間関係の基本が話し言葉にあることは、書き言葉が重視されている現在の日本においても、おそらく将来の世界においても変わらないでしょう。現代社会はコミュニケーションが電子メールやツイッターで行われ、一見〈書き言葉〉の優位が増大しているかに見えますが、電子メールの文体は〈話し言葉〉であり、〈話し言葉〉のパワーは今後さらに増大していくでしょう。

（1）人間関係の基本は、話し言葉にある。

（2）言外の意をくめ。

2　話術の要点

【話術の三要素】　さて、話し言葉が人間社会の基本であるからには、説得力を高めるには、まずは話術を磨くことが肝心です。

「心《しん》」・「技《ぎ》」・「体《たい》」はスポーツの三要素ですが、話術で人を説得するのもスポーツと同様に一種のゲームですから、「心」・「技」・「体」の三要素を磨くことが不可欠です。まずは、A図とB図とを比較してみてください。

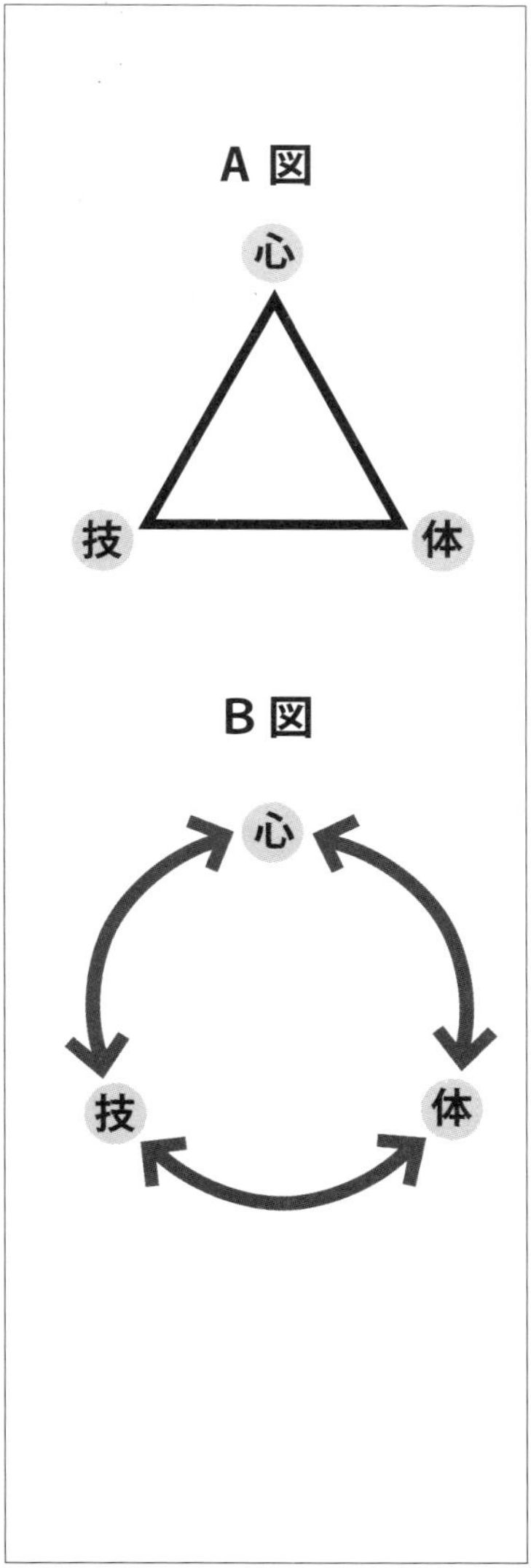

「心」・「技」・「体」の三要素は三位一体《さんみいったい》のものですが、わたしたちはA図のように正面図とみなして、いずれか一つを頂点と考えがちです。しかし実際にはB図のような俯瞰《ふかん》図であって、一つが刺激されれば残りの二つも影響を受けてパワーは螺旋状《スパイラル》に上昇もすれば下降もするものなのです。それを念頭に、説得力を「技」↓「体」↓「心」の順に見ていきましょう。

【話術の「技《ぎ》」】　就職氷河期と言われた時期でも、企業側の悩みの筆頭は新入社員の定着率の悪さでした。難関をかいくぐって就職した新人が辞める最大原因は、職場のコミニュケーションの悪さです。「リーダーには言葉は不要だ、背中で示せばよい」などといった思い込みがどれほど浅薄なものであるかは改めて指摘するまでもありませんが、「黙って俺（わたしに）について来い」などと力んでいると、振り返ってみれば誰もいない部下なしリーダーになっているのがオチです。

職場では、俗に「ホウレンソウ」と呼ばれる「報告」・「連絡」・「相談」が仕事上のコミュニケーションの中心とみなされていますが、中堅以上のリーダーともなればこれに「命令」を加えて、「メイホウレンソウ」の四つが中心になります。

命令に関しては、①可能な限り一時に一つの命令を与える、②命令が複数の場合は重要なものから箇条伝達し、復唱させる。報告や連絡の場合も同様です。「相談」には③誰もが気軽に意見を言えるような環境を日頃から造っておく、ことが必要です。いずれの場合も身につけるべき話術の「技」は、以下の二点に尽きます。

（3）話し方が平易簡明であること。

（4）部下の発言を最後まで聞くこと。

平易簡明であるためには①話の内容が具体的であること、最後まで聞くには②相手の立場に立つこと、がポイントです。そうすれば言外の意も自ずと相互に伝達できます。そうなれば円滑な意思疎通が生まれ、ユーモアを交えたり譬《たと》え話や名言や名句を加える余裕も出てきて、上司と部下が肝胆相い照らすという極致にも到達できるのです。

リーダーになると、相談には個人的なものも含まれるようになりますが、大方の相談事は当人が半ば答を出しているものですから、じっくりと相手の話を聞いていさえすれば自ずと理にかなったアドバイスができるようになります。

「技」で気をつけるべきことは、あくまでも説得力を身につけるのが目的であって、技巧の習得自体を目的にしてはならないという点です。ディベートを話術の訓練として利用するのは結構でしょうが、言葉じりを捉えて相手をやり込めることに快感を覚えるようになっては逆効果です。

孔子は言葉の人でしたが、こんなことを言っています。

——**口達者は時として国を亡ぼしたりする。わたしはその手の口達者を最も憎む。**（陽貨第一七—一八）

孔子ならずともそう思うでしょう。

【話術の「体《たい》」】　話の内容がどれほど正確・正論であっても、それだけでは説得力は生まれません。そこで必要となるのが話術の「体《たい》」です。文字通りの肉体の使い方です。話す際の①態度②表情③発声の三点がともなって初めて話に説得力が生じるのです。

ふんぞり返ったり、しかめ面《づら》をしたり、金切り声を上げて主張したのでは、せっかくの正論も説得力はゼロになってしまいます。「目は口ほどにものを言う」や「ボディーランゲージ」という言葉が示すように肉体全体の働きが、とりわけ映像時代の現在では説得力の向上に不可欠な要素になっているのは周知の通りです。一九六〇年の米国の大統領選挙で優勢を伝えられていた共和党のニクソン候補がテレビ討論で民主党のケネディー候補に逆転負けしたのは映像時代の幕開きの象徴的な事件でしたが、ナポレオンやヒトラーははるか以前に表情やジェスチャーの重要性に気づいて鏡に向かってトレーニングにいそしんでいます。

発声のための肚《はら》から声を出す呼吸法や、鏡に向かって笑顔をつくる訓練や表情筋の鍛錬法、ジェスチャーのための柔軟体操や緊張をほぐす脱力法など、ハウツー本が数多く市販されていますから、それらを学習してみるのもよいでしょう。話術を苦手だと感じている人は、「技」よりもむしろ具体的な「体」から始めるほうが効果的かもしれません。肚から大声を出すことができるようになっただけでも、人前で臆《おく》することなく話ができるようになります。大きな声でゆっくりと喋れるようになれば、それだけで大物とみなされるようにもなります。

新人時代は、社是《しゃぜ》や挨拶を大声で唱えさせられたり、ラジオ体操をさせられたりするのをバカバカしいと思いがちですが、話術の「体」の訓練と思えば、投げやりにやっているのがいかに損な行為かわかるはずです。

ちなみに①態度、②表情、③発声の三要素は、孔子塾でも重視されていたとみえ、弟子の曽子《そうし》がこう述べています。

——**その場にふさわしい態度やジェスチャーによって粗暴な態度から免れることができる。その場にふさわしい表情によって信頼を得られる。その場にふさわしい発声法によって下品から遠ざかれる。**（泰伯第八—四）

Ⅱの公正力を磨くの項で取り上げた礼儀作法に共通する、いつの時代にも通用する教えでしょう。相手が外国人であるような場合には、ジェスチャーや習慣が異なりますから、それを学ぶのも「体」のうちです。

（5）その場にふさわしい①態度②表情③発声を心がけよう。

【話術の「心《しん》」】　孔子が話術の三要素の中で最も重視したのは「心《しん》」でした。孔子はこう述べています。

——**言葉づかいを丁寧にして真心を込め、表情や態度を穏やかにして接したならば、言葉が通じない未開の地に行ってもちゃんと意思を通じさせることができるものだ。その逆をやったのでは、自国の小さな町や村の顔見知りを説得することもできやしない。**（衛霊公第一五—六）

わたしたちは、交渉力や説得力というと、論理でもって相手をねじ伏せたり、揚げ足取りや詭《き》弁《べん》を弄《ろう》してでも相手を出し抜いて、少しでもこちらの有利に事を運ぶ技術であると思い込みがちです。そうしたテクニックを学ぶことを戦後の日本は怠《おこた》ってきたから外交貧国になってしまったのだと主張する識者もいるほどです。しかし、孔子はそうした心と裏腹な言葉の使用を「**佞**《ねい》」（＝さかしらな口才）や「**口給**《こうきゅう》」（＝不要な多弁）であるとして斥けています。

――**口先の手練手管**《てれんてくだ》**で人を説得しようとすれば、怨**《うら》**みを買うだけだ。**（公治長第五―五）

相手をねじ伏せての一時の勝利は真の勝利や利益にならないと断言しているのです。代わりに孔子が提唱しているのが、次の二点のアドバイスです。

（6）誠実であれ。

（7）自負を持て。

誠実さとは、言葉を違《たが》えないことです。はじめから騙すつもりで発言するのはもってのほかですが、やむをえず前言を改める場合はきちんと説明することです。孔子は、――**言**《げん》**、必ず信。**（子路第一三―二〇）**言には忠を思う**。（季氏第一六―一〇）――と述べて、言葉は他人からは信用され、自分からは忠実であろうと努めなければならないものであることを力説しています。「あの人は言葉を違えない」との評判を得たら、「技」や「体」が少々劣っていようとも補って余りあります。

（7）の自負は、言葉に対する誠実さがなければ、ただのウヌボレになってしまいますが、自分の言葉に忠実な者が持つ自負は、説得の際に極めて大きな力を発揮するものです。孔子は『論語』の随所で自らの自負を披瀝《ひれき》しています。

――**天がこのわたしに、世の中に徳を広める任務を与えているのだ。**（述而第七―二二）

——周王朝の開祖の文王様はとっくに亡くなられたが、その文化はこのわたしが継承している。（子罕第九―五）

この二つの章句は、弟子たちと諸国を亡命していた時に暴漢に襲われ、弟子たちが慌てふためいた際の孔子の言葉です。この発言で孔子は弟子たちの動揺を鎮《しず》め、一行は危機を脱しているのです。ほかにも孔子の自負を示す言葉は数多くあり、孔子を謙遜で引っ込み思案な学者肌の人物と思い込んでいる読者を驚かせるほどです。

とはいえ、自負はあまり若いうちから身につけるにはおよびません。経験を積んだ後の自負は、長期間にわたって正道を歩んできたという自信から自然と生まれてくるものですが、若いうちの自負は出身校や家柄など虎の威を借るものでしかなく、顰蹙《ひんしゅく》を買うだけの結果になりがちです。

【スペシャリティ】　上級のリーダーになる頃までには、「これに関しては一家言《いっかげん》ある」と胸を張れるような専門知識や専門技能を身につけておくことが肝心です。——**君子は器《うつわ》ならず。**（為政第二―一二）——という孔子の言葉を「リーダーは専門技能《スペシャリティ》を持つ必要はない」と誤って解釈している人がいますが、孔子の真意は、「良きリーダーは、専門技能《スペシャリティ》を持った総合職者《ジェネラリスト》であるべきだ」という意味なのです。

ちなみに、日本の高級官僚が天下りでしか生きていけないのは、スペシャリティを身につけていないからです。では、なぜ民間企業がそんな彼らを受け入れるのかといえば、世間では出身省庁に口利きができるからと思い込まれていますが、じつはそうではなく受け入れを拒否すると出身省庁に嫌がらせをされるからというのが真相なのです。いわば暴力団にミカジメ料を払うのと同じで、両者の関係にはおよそ自負など片鱗すら見当たらないのです。

一方、孔子はさまざまな技能を習得していたにもかかわらず生涯不遇でしたが、自分は間違った行為をしていないという自負を死ぬまで持ち続けていました。その自負が孔子の言葉に強い説得力を与え、三〇〇〇人と言われる若者を引きつけ、二五〇〇年後の現在に至るまで読む人の心を引きつけているのです。

――**行いの正しい者には、命令などしなくても人がついてくる。だが、行いの正しくない者には、いくら命令したって誰もついていきはしない。**（子路第一三―六）

Ｉの行動力を磨くの項で述べた若いうちから正道を歩むことを心がけることが、この段階で生きてくるのです。

３　交渉現場

【交渉現場の三要素】　さて、話術の三要素を身につけたならば、臆することなく交渉の場に臨めますが、交渉ごとは相手がいますから、話術の三要素をマスターしただけではまだ不十分です。交渉に当たっての三要素、「天」・「地」・「人」を見究める能力の活性化が必要なのです。

この三要素は、「天の利」・「地の利」・「人の利」と呼ばれたり、孟子は「天の時」・「地の利」・「人の和」（公孫丑章句下《こうそんちゅう》）と名づけています。孟子は三要素のうち「人の和」を最高の要素とみなしていますが、三者の関係は話術の「心」・「技」・「体」と同じく俯瞰図《ふかんず》と見るべきです。

例えば、駅で雨傘を売る場合を例にとりましょう。晴天の日よりも曇天や雨天の日の方が多く売れるでしょう。これが「天の利」すなわち時《タイミング》の問題です。雨が降っているなら売り場は駅の外の広場よりも駅の構内がよいでしょう。これが「地の利」、すなわち場所の問題です。時と場所が適切でも売り子が無愛想では売れません。これが「人の利」です。つまり、どれほど素晴らしい傘でも天・地・人の利を無視したのでは売れないのです。三要素をこの順に見ていきましょう。

【「天の利」】　孔子は自分が苦労をしたためか、弟子たちに向かっては「天の利」を慎重に見定めるように随所でアドバイスしています。

――**言うべきタイミングを計って発言しないと、肝心の相手を失ってしまう。言うべきタイミングでない時に発言すれば、発言がムダに終わってしまう。知者はタイミングを計り、相手と言葉の双方を失わないですむように心がけるものだ。**（衛霊公第一五―八）

――**言うべき時でないのに発言するのは、悪乗り。言うべき時に発言しないのは、乗り遅れ。タイミングを見ずに発言するのは、暴走だ。**（季氏第一六―六）

孔子は、保身の術を述べているのではありません。発言が最も有効な時点、すなわち〈中庸〉

点を見定めて発言せよとアドバイスしているのです。

【「地の利」】 同じ発言や同じ行為でも、場所を得なければチグハグに終わります。

―― **虎に素手で立ち向かおうとしたり、大河を徒歩で渡ろうとして、死んでも悔いないなどと言う場違いな勇気をふるう者とは、わたしは行動をともにはしない。**（述而第七―一〇）

―― **危険な国には入国しないことだ。政治情勢の乱れた国には長居をしないことだ。**（泰伯第八―一三）

もちろんそんな危うい国では説得や交渉事をすべきでないとの諫《いさ》めです。

―― **国に真っ当な政治が行われている状態なら、発言も行動もドンドンバンバン押し進めるがいい。だが、ロクでもない政治状態なら、行動はドンドン行ってもよいが、発言は控えめにして足を掬《すく》われないようにすることだ。**（憲問第一四―四）

いずれも孔子らしからぬ言葉に聞こえますが、若い弟子に向かっての孔子の体験を含めての発言です。

【「人の利」】 説得は人に対して行うものですから「人の利」が極めて大きな比重を占めることは言うまでもありません。孟子は「人の和」さえあれば戦《いくさ》にも負けないと力説しているほどです。

しかし、交渉相手が時間稼ぎや騙すつもりで臨んでいれば、説得などできっこありませんし、相手が聞く耳を持たない状況ならなおさらです。

ではそうした場合、交渉はまったくのお手上げ状態なのかといえば、そんなことはありません。「時の利」や「地の利」は人力ではどうにもならない場合が多々ありますが、「人の利」は人力でいかようにも高められるからです。相手が聞く耳を持つようになるのを漫然と待つのでなく、その間に味方の結束を強めておけば、相手も態度を変更せざるを得なくなります。それが真の「人の和」の活用なのです。

【和の力】「和」とは、信頼関係に基づく結束です。強制やエセ情報で造り出されている団結は、「和」とはほど遠いものです。では、最強の「人の和」を生み出すには、具体的にどうすればよいのでしょうか？

それには、①組織員同士の信頼関係と、②リーダーと組織員との信頼関係の二つが満たされていなければなりません。

ご承知のように、東日本大震災の際には、①の「和」のお陰で目立った略奪や暴動が起きずにすみました。しかし、「経済のグローバル化」や「自己責任」の名の下に貧富の差の拡大を放置すれば、日本もやがては地域住民間の「和」を失い、略奪や暴動を起こすようになるでしょう。

②のリーダーと組織員との信頼関係を高める方法は、これも大震災で明らかになったように、情報の開示です。国民が浮き足立つのを防ぐとの理由で実状を伏せて安心情報だけを流すのは逆効果です。エセ情報とわかった途端の混乱や不信は修復のしようがなくなります。

【双方通行】 たとえ正確な情報であっても、上から下へ一方的に情報を流しているだけでは、やはり「和」は生まれません。リーダーは正確な情報を流すと同時に、情報を受けた側からの反応を素早くキャッチして行動に反映させなければ、信頼関係は崩壊します。つまり③双方向の情報の共有があって初めてリーダーと組織員との結束が生まれるのです。これは零細企業から国家にいたるあらゆる組織に通用する不動の原理です。リーダーたるものは、日頃から以上の三点を高めるように気を配るべきなのです。

情報の開示に関しては、『論語』に次のような有名な言葉があります。

――**民はこれに由《よ》らしむべし。これを知らしむべからず。**（泰伯第八―九）

この章句は、儒教では「政府は国民を従わせればよいのであって、法律や政策の内容を一々国民に教える必要はない」という意味であると解釈されてきました。その結果、反儒教派は孔子が愚民政策を支持している証拠として孔子批判の際には必ずといってよいほど槍玉に挙げられるはなはだ評判の悪い章句です。しかし、孔子の真意は、――**為政者は、民衆との信頼関係の維持を何よりも優先すべきであって、規則や命令を一方的に告げ知らせ、それを杓子定規《しゃくしじょうぎ》に実施するような統治方法は誤りである。**――というものなのです。

ちなみに旧日本軍は、戦争マニュアル本の『作戦要務令』の「指揮の通則」で「命令には理由を示すべからず」と定め、一方通行の情報に従わせることを原則としていました。そのため将兵はいかなる目的で戦っているのか皆目わからず、無意味な玉砕行動に出て自壊自滅を早めることになってしまったのです。

（８）交渉現場には「天」・「地」・「人」の利を考慮して臨め。

（９）「人の和」に努めよ。「人の和」とは、①組織員同士の信頼関係、②リーダーと組織員との信頼関係の二つに基づく結束であり、それぞれの信頼関係はともに③双方向の情報の共有によってのみ生まれる。

以上の９項目をマスターできたならば、交渉力のⅰの説得力は十分に活性化されたとみなしてよいでしょう。以下は、もう一つの柱のⅱ社交力を磨くための要点です。

４　社交力

【社交力とは？】　説得力と並んで交渉力を支えるもう一つの柱が社交力です。交渉相手と友好な関係を築けたなら、たいがいの交渉は成功します。傘を売る場合にたとえれば、客との信頼関係をいかに構築するかの問題です。

自分は社交性がないから人づき合いは苦手だという人がいますが、そもそも社交〝性〟という言葉から、社交力を特殊な能力であると思い込むこと自体が間違いなのです。事実は、誰もが生得的に持っていながらサビつかせているだけのことです。また、社交を赤の他人との関わりと思い込むのも間違いです。親や兄弟姉妹など家族関係から友人・同僚・上司・部下とのつき合いのすべてが社交力によって成り立っているのです。

孔子は、自然な流れとして親→兄弟姉妹→友人→同僚→上司の順に人間関係を築いていけば無理なく社交力を活性化でき、最終的には、――**四海《しかい》の内《うち》、皆《み》な兄弟《けいてい》**（顔淵第一二―五）――**世界中が兄弟のような関係になれる。**――と考えています。

孔子は、――**相手を尊敬して誠実に接すれば誰もが心を開くようになる。**（子路第一三―一九）――とも主張しています。

そうした主張を「甘い」と考える人は、社交力を十分に活性化させていない人です。

社交性がないと悩んでいる人は、往々にして自らの心を閉ざし、出発点である家族との人間関係を疎《おろそ》かにしているものです。ですから、社交性がないと思い込んでいる人は、まずは原点に立ち返って親や家族の美点を見い出し敬意をもって接することから始めるとよいでしょう。

（10）社交苦手と思っている人は、家族関係から見直そう。

【社交の基本】　とはいえ、残念ながら多くの日本人は人の美点や長所を見出すことが苦手です。

これまた儒教の欠点排除型（＝否定主義）教育の影響です。欠点を指摘されて育ち、自分の欠点ばかりを気にしていれば、当然のことながら引っ込み思案になり、相手に対しても欠点ばかりを探すようになります。これでは、せっかく内在している社交力を活かせないのは当然です。

では、どうすればよいのでしょうか？　３ｒｄステップのⅡ向上心を高めるの項で述べたように、まずは徹底した〈自己愛〉から出発することです。社交力の基本も、自分を愛せるか否かにかかっているのです。人づき合いの原点は自分とのつき合いであり、自分と良好な関係を持てない人間に他人との良好な関係を築けるわけがないのです。

これもすでに指摘したように、長所も短所も一つの楯の反面であって、面倒見のいい人はお節介とも言えるし、積極的な人は向こう見ずだとも言えるのです。ですから、自分の欠点をたくさん数え挙げられる人は、同数の長所を持っているにもかかわらず、自らを否定的にしか見ていないだけのことなのです。

自己愛をナルシシズムと混同して否定する人もいますが、ナルシシズムは池の水に映った自分の姿に恋した美青年ナルキッソスの神話に由来しているように、自分の虚像に酔いしれて我れを忘れている状態です。一方、自己愛というのは自分の実像に目覚めて受け入れる状態を意味しているのです。孔子の次の言葉を見てください。

——**学んだことを心に刻み、学び続けることを嫌がらず、人に教えることを怠《おこた》らない。この三つがわたしの取り得だ。**（述而第七—二）

——**わからないことがあると発憤《はっぷん》して食事も忘れ、理解できると楽しさのあまり一切の心配事を忘れ、老いがすぐそこまで迫っているのにも気づかずに勉学に励んでいる、それがわたしの**

姿だ。（述而第七―一八）

なんとも堂々たる自己愛ぶりではないですか。そのうえで孔子はこう述べています。

――**道徳心が失われていくこと、学問が廃《すた》れていくこと、正義を知っていながら実行する者がいないこと、悪いと知っていながら誰も改めようとしないこと、社会がそんな状態になっていくことがわたしの唯一の心配事だ。**（述而第七―三）

自分の虚像にウットリしているだけのナルシシズムからはこの章句のような言葉は生まれてこないでしょう。

（11）社交力の基本は自己愛にある。

5　人づき合いの原則

【人づき合い】　中国には「三分《さんぶ》の人事《じんじ》、七分《しちぶ》の天《てん》」という言葉があります。事の成功・不成功を支配する七割は運で、人力の及ぶのは三割りだという意味です。そう聞くと「ならば、努力をしてもムダだ」と思いがちですが、運を詳細に見ると、ほぼその一〇〇パーセント近くは人間関係です。偉人や英雄の伝記を読むと、まったくの独立独歩で名をなした人など皆無です。皆どこかで偶然に出会った人に助けられたり引き立てられたりして成功の扉を開いているのです。

ですから、自らの欲望を成就させたいと願う人は、人づき合い能力を活性化させることが大事なのです。人づき合いは「人事」ですから、運は人が切り開けるものなのです。

もちろん、コネや裏口を目的として人づき合いを広げるのは、**異端《いたん》を攻《おさ》むる**邪道です。とくに若いうちからそうした下心で先輩や上司と接するのは絶対に禁物です。そうした手段で出世をしても、先輩や上司がいなくなった途端に馬脚を現して失脚するのがオチですから、社交力の活性化は上級のリーダーになってから始めればちょうどいいのです。それまでは正攻法をしっかり身につけておくことです。

では、『論語』に示されている社交の正攻法をアレンジして箇条書きにしておきましょう。

(12) 人づき合いの正攻法

(一) 親や家族とのつき合い方

○**両親や兄弟姉妹に対しても敬意と礼儀が肝心である。素直な気持で接し、同時に依存しすぎないようにすべきである。**（為政第二―七・その他）

(二) 友人とのつき合い方

○**たとえ悪友でもその真似をしなければ向上の手本になるが、朱に交われば赤くなるというのも事実だから、自分より劣った者を友人としない方が無難である。**（述而第七―二一・学而第一―八）

○**正直者・誠実な者・物知りを友人にし、見栄っ張り・ゴマスリ・口達者は友人にしないほ**

うがよい。（季氏第一六―四）

○たとえ友人だからといって、よくない相談には応じないこと。（衛霊公第一五―四〇）

○友人が過ちを犯している時には忠告して改善させるべきだが、聞き入れてもらえない時には無理強《じ》いをしないほうがよい。友人を信頼して見守り、友情を壊さないようにすることが大切だ。（顔淵第一二―二三）

（三）同僚とのつき合い方

○自分より優れた者を見たら、ヒガんだりネタんだりせず、ヨシ！　自分もああなろうと発憤することだ。自分より劣った者を見たら、見下したりせずに、自分もああではないかと反省材料にするとよい。（里仁第四―一七）

（四）部下とのつき合い方

○後輩や部下はいつ立場が逆転するかわからないのだから常に礼儀をもって接すべきだ。（子罕第九―二三・八佾第三―一九）

（五）上司とのつき合い方

○若いうちは上司に対してよりも仕事に対して忠実に励むとよい。（衛霊公第一五―三八）

○イザという時には上司に対しても遠慮なく意見を言え。（憲問第一四―二三）

○上司を陰でけなしたりしてはならない。（陽貨第一七―二四）

要は、誰に対しても敬意と礼儀をもって接せよというに尽きますが、尊敬や礼儀というと、これまた儒教の影響で堅苦しいものと思いがちです。しかし、孔子の意味するところの礼儀とは、誰とも分け隔てなく敬愛の念をもって接しなさいということです。こちらが心を閉ざして相手が心を開くのを待っていたり、相手が心を開いているのに近づこうとしなければ、社交力は何時までたっても活性化しません。こちらから先に口を開くのを卑屈や屈辱と誤解している人がいますが、先んずれば人を制すで、パーティーなどでも思い切って先に話しかけた者が会話の主導権を握れるものです。

さて、こうしてⅰ説得力とⅱ社交力の二つを活性化できたならば交渉力は十分身についたわけですが、もう一つ身につけておくべきものがあります。それが交渉原則です。

6　交渉原則

【交渉原則とは？】　交渉原則というのは、交渉現場での心構えです。交渉事の対応は以下の四種に大別できます。

◎**【交渉の四つの選択肢】**

①即時受諾

②即時拒否

③熟慮受諾

④熟慮拒否

受諾するつもりなら、①の即時受諾をすれば、相手との信頼関係や友好関係を最も良好に保てます。一方、即時受諾をしたのでは弱腰に見られると考えたり譲歩を引き出すために作戦的に③の熟慮受諾を選択すれば、逆に優柔不断と受け取られたり、信用できない相手と思われる危険も増大します。

拒否する時には、高圧的に②の即時拒否をすれば信頼関係や友好関係を保てなくなるのは当然ですが、かといって相手を怒らせたくないとの配慮から回答を引き延ばして④の熟慮拒否に見せかけるのは大きな誤りです。回答を待たされてイライラした経験は誰もが持っているでしょうが、個人同士や国家間の交渉でも、気を持たせて拒否されるほど感情を害するものはありません。拒否する場合は時間を置かない方が信頼関係や友好関係を保つのに有効な場合が圧倒的に多いのです。日本政府は戦前も戦後も日米外交でこの点を見誤り、返事を先延ばしにして、しばしば窮地に立たされてきたのは周知の通りです。

本当に熟慮をして待たせるのであれば、早い時期にそれを相手に正確に伝えることです。どこがどう問題になっているのかを知れば相手も譲歩案を考えやすくなります。

いずれにせよ、交渉前に相手の出方の予測を立てて、①〜④のいずれの組み合わせで臨むのかを十分に検討して、複数案を持って交渉に望むことが交渉を成功させる秘訣です。

（13）四種の対応を考慮して、複数案を持って交渉に臨もう。

【互恵《ごけい》の精神】　交渉を一時しのぎに終わらせるのでなく、妥結した取り決めを永続させたいと望むならば、「互恵」（＝ギヴアンドテイク）の原則を欠かせません。

交渉ごと――とりわけ外交――は面子《メンツ》の問題になりがちですから、互いに相手の面子を配慮することも肝心です。正論だからといってゴリ押しをしたのでは恨みを増大させるだけです。

では、当事者間のギヴアンドテイクだけよいのかというと、政治も経済もグローバル化した現在では、それだけでは不十分です。それに加えて「三方《さんぽう》よし」の精神が不可欠です。

【三方よし】　「三方よし」というのは、近江《おうみ》商人の「売り手よし・買い手よし・世間よし」（あるいは「自分よし・相手よし・世間よし」）という商道徳です。このモットーのミソは、売り手である自分と買い手である相手の双方が満足するだけでなく、直接には売買に関わっていない世間を考慮に入れている点です。

交渉において、世間に対する配慮がなければ当事者間だけの裏取り引きや不正取引を許してしまいます。秘密条項でポーランドの分轄を決めた「独ソ不可侵条約」などはその典型でした。企業の談合も現在における典型です。

交渉は、原則的には一対一の当事者間のものですが、その場に中立的な第三者を加えれば、事はスムーズに運びます。第三者を交渉の場に招かなくても、不特定多数の第三者に該当する世間の存在を考慮して交渉を進めれば、二者の腹のさぐり合いや駆け引きに費やすムダな時間の節約にもなり、交渉結果に対して勝った負けたといったケチ臭い意識からも解放されます。いわゆる「心は熱く、頭は冷たく」の大人の交渉ができ、双方の交渉力のアップにつながるのです。

（14）次の二つの心構えを持って交渉に臨もう。

①ギヴアンドテイクと、三方良しの精神。

②いかなる場合もこちらからは交渉断絶をしない度量。

交渉原則は、傘を売る場合にたとえれば、製品保証や修理保証といった付加価値に該当するものと言えるでしょう。

さて、こうして以上の合計14の要点を理解しマスターできたなら、あなたはもうどこへ出ても立派に交渉名人として通っているでしょう。

Ⅴ　統率力を磨く

【統率力とは？】　ここまでに述べてきた四つ「力《りょく》」のすべてを活性化できたならば、通常の統率力は自ずと身についているはずですが、初対面のメンバーからなる新規開店の現場の指揮を任されたり、緊急の混成組織の指揮を任されたりした場合に改めて必要されるのが、緊急時の統率力です。統率力は、i決断力と、ii自制力の二つの要素から成り立っています。これもこの順に見ていきましょう。

1　決断力

【決断力とは?】　自分は小心者だから決断力がないと思い込んでいる人がいますが、小心は他面から見れば細心であり、自分は大胆だと思い込んでいる人よりも重大局面での決断に向いているものです。逆に、自分は大胆で勇猛果敢だと思い込んでいる人は、いざとなったら精神力でどうにかなると力に頼って見切り発車的な決断をしがちですから、むしろ気をつけることです。昭和の軍事指導者たちはその典型でした。

孔子を慎重タイプで石橋を叩いても渡らない性格と誤解している人が少なくありませんが、孔子はむしろ即断即決の人でした。斉《せい》国の実力者の陳成子《ちんせいし》が主君の簡《かん》公を殺したと聞いた時、孔子はすぐに参内《さんだい》して哀公に、――**即刻、兵を繰り出して陳成子を討つべきです**。――と進言しています。（憲問第一四―二二）他国への軍事介入です。この時、孔子は七二歳でした。孔子はこうも述べています。

――**昔のわが魯《ろ》国の家老の季文子《きぶんし》殿は、三度考えてから実行したそうだが、考えるのは二度**

で十分だ。（公冶長第五―二〇）

最初から何度も考え直すつもりでいたのでは、一回の考えが浅くなります。熟考すれば二度でよいというわけです。量より質なのです。

「下手《へた》の考え休むに似たり」と言いますが、ものごとの大半は「案ずるより産むが易《やす》し」ですから、まずは一歩を踏み出してみることです。「でも……」と二の足を踏む人は、福沢諭吉氏の決断の方法を手本にするとよいでしょう。

【福沢方式】　福沢諭吉氏は、学問に関してだけでも漢文からオランダ語へ、オランダ語から英語へと、それまでの苦労を無にするような決断を行い、そのつど新たな道で成功しています。すでに述べたように福沢氏は漢文もオランダ語も塾を開いて十分に生計を立てていけるほどマスターしていたのです。その福沢氏が自分は小心者であると自己分析しているのです。福沢氏は『自伝』の中で、自分は岐路に立った時に、新方針を選択した場合の最悪の状態を想定し、そうなっても耐えられると見込んだ時には果断に進むという方針をとってきたと述べています。二度の語学転換も自分を小心とみなしていたからこそできた大決断だったわけです。

対照的に、対米戦争を決意した際の日本の政治家や軍人たちは、最悪の状態を想定するのは意気地なしだと思い込み、「緒戦で勝てばどうにかなる」程度の想定とも呼べない想定の下に火蓋《ひぶた》を切ったのです。3・11原発事故の当事者たちに至っては、「最悪の事態は起きない」と、想定すらしていなかったのですから、批判の俎上《そじょう》にも乗せられません。

【決断の選択肢】　決断の選択肢は次の四つに集約できます。

◎【決断の四つの選択肢】

①即時断行
②即時断念
③熟慮断行
④熟慮断念

日本帝国陸軍の戦争マニュアル本の『作戦要務令』は、指揮の要則として次の三点を挙げています。

(1)なさざると遅疑《ちぎ》するとは指揮官の最も戒《いまし》むべき所とす（綱領第十）
(2)一度定めたる決心は妄《みだ》りに之《これ》を変更すべからず（総則第九）
(3)所要に充《み》たざる兵力を逐次《ちくじ》に使用するは大なる過失に属す（第二部第四）

(1)は、グズグズと決定を先延ばしして受動的状況に陥れば、結局相手の行動に引き回されざるをえなくなるからダメなのだと解説しています。

(2)は、絶えず方針を変えれば部下が動揺するばかりでなく、指揮官自身が消耗して情勢判断ができなくなるからダメなのだと解説しています。

(3)は、力を小出しにすれば常に優勢な相手と戦わざるをえなくなり、勝利のチャンスを逃し、損失を蒙《こうむ》り、志気を失わせる原因となるからダメなのだと解説しています。

(1)は無作為の禁、(2)は決心不動の原則、(3)は逐次投入《ちくじとうにゅう》の禁として知られ、現在の組織にも適応できるものです。

ではなぜ、日本陸軍は三つの原則と正反対のことをして破滅してしまったのでしょうか？　それは、『作戦要務令』に「断念」の項目が欠けていたからです。「断念」は無作為やマイナス思考でなく、立派に決断といえるのですが、おそらく『作戦要務令』の制定者は「断念」は軍人にあるまじき弱気な行為とみなしたのでしょう。

プラス思考に基づく正しい決断の手順は次のごときものです。

（1）決断の手順は以下の三原則にある。

①最悪の状態を想定する。

②最悪の状態に耐えられないと判断したならば、即時断念する。

③耐えられると判断した時には、果敢に行う。

組織や国家の場合なら、④決断した結果と理由をすみやかに公表する、ことをつけ加えるべきでしょう。そうしておけば、部下や国民との信頼関係を維持でき、いかなる非常事態が起きても動揺を最小限にくい止めることができます。

2　決断力の鍛《きた》え方

【シミュレーション】「非常なことは非情をもってせよ」と言われますが、頭では理解していても、いざという時の決断は迷うものです。そのためにも上級リーダーに就いたなら、あるいはそれ以前から、直接自分の仕事に関係があろうがなかろうが、政治や経済ニュースのさまざまな場面で自分ならどう決断するかをシミュレーションする習慣を身につけておくとよいでしょう。娯楽でも構いません。例えば野球ファンなら、テレビ観戦をしながら相手チームの力をどう判断するか、攻防の局面でどう対応するかを自分が監督になったつもりで判断し、結果と照合する訓練をするのです。ただ熱くなって観戦するのもストレス発散にはよいでしょうが、クールな観戦の仕方も面白味を増すものです。そうした訓練を続けていれば、統率力の向上に役立つばかりでなく、上司やライバル企業の決断力や質もわかるようになります。

【我れを忘れない】　大きな決断を迫られる場面は、往々にしてピンチであり、時間的余裕もなく、内外・上下・左右からの種々の圧力も加わってきます。しかし、そうした非常時に適切な決断を下すことができたなら評価は一気に上がるのですから、ピンチはまさに実力をアピールする千載《せんざい》一遇《いぐう》のチャンスでもあるのです。

――　**君子固《もと》より窮《きゅう》す。小人《しょうじん》窮すればここに濫《みだ》る。**（衛霊公第一五―二）――　**どれほど正し**

い行為をしている者でも困難な目に合うことはある。小人物は、そうした時に取り乱す。

これは、孔子の一行が陳《ちん》国の軍隊に包囲されて兵糧攻めに遇い、弟子の子路が八つ当たり的に孔子に向かって「先生ほどの人格者がどうしてこんなひどい目に遭わなければならないんですか」とつめ寄った時の孔子の言葉です。この時孔子は六三歳、九歳年少の子路は自他ともに許す勇者でした。勇者を自認している者ほど、想定外の出来事には弱いものです。

では、いざという時に我れを忘れずに平常心を保っていられるようにするためには、どのような訓練をしたらよいのでしょうか？

「いつ死んでもよい覚悟を持って生きていれば、いかなる場面でも慌てふためくことはない」と説く人がいますが、それは正論ではあっても昔の武士ならいざしらず現代人にとっては容易なことではありません。坐禅の修練も一方法でしょうが、坐禅も天才向きの方法で、時間もかかりへタに取り組めば生《な》ま悟りをするのがオチです。

【自己中心】 代わりに私が勧める極めて簡単な方法は、「自己中心に生きる」という方法です。

〈自己中心〉という言葉は、これまでに述べてきた〈自己満足〉や〈自己愛〉と共に非難される三点セットの一つです。裁判の判決文には必ずといってよいほど「被告は自己中心的で～」という文言《もんごん》が盛り込まれています。しかし、判決文をよく読んでみると、犯罪はいずれもが金銭中心・権力中心・性欲中心・薬物中心などによって引き起こされており、肝心要《かなめ》の〈自己〉がお留守になっているのが原因です。少年少女の非行やイジメも自分に向けるべき目が他人にばかり向けられ、自己忘却や自己喪失によって引き起こされているのです。その因《もと》はといえば親の過干渉や無関心であり、親のそうした態度はといえば、親自身の自己忘却が原因なのです。我れを忘れて生きている生活態度があちこちで玉突き現象を起こしているのが犯罪や非行なのです。

試しに、読者も自分が最後に心から笑ったのは何時だったか？　最後に真剣に考えたのは何時だったか？　体調が最高だったのは何時だったか？……と思い出してみてください。そうすれば、自分がどれほど自分自身に無関心に生きているかに容易に気づけるはずです。

【人の三角錐《さんかくすい》】　人間は①理性（＝頭脳）と、②感情（＝心）と、③肉体の三つを基本に生きています。この三つも三位一体のもので、どれが上というわけではなく、互いに影響し合っているものです。例えば、歯が痛いだけで心が苛立ち考えがまとまらなくなったりもし、心楽しい出来事があれば、歯の痛みも消し飛び、考えも前向きになります。

ところで、わたしたちは身体が不調な時には「身体が重い」と意識できますし、心が塞《ふさ》いでいる時には「心が重い」と意識できます。頭の働きが鈍い時にも「頭が働かない」と意識できます。しかし、そう意識させていものが何であるかを意識することはできません。その実体こそが〈我れ〉なのです。自己中心に生きよというのは、この三者のバランスを司《つかさど》っている〈我れ〉を見失わずに生きよということです。①理性、②感情、③肉体と〈我れ〉との関係を表すとA図のような三角錐になります。

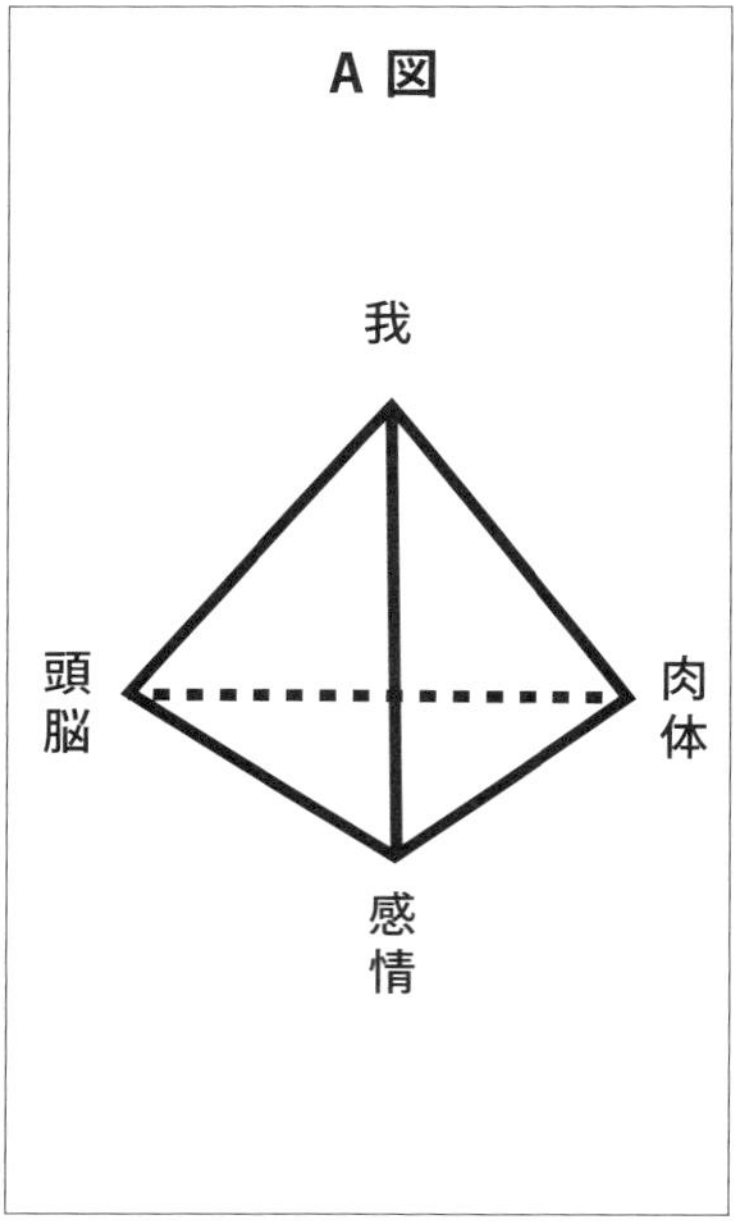

「自分を見つめて生きよ」と言うと、自分を眺め下ろしている第三者的な〈自分〉を意識することだと考える人がいますが、それでは他人の目を意識するのと変わりなくなってしまいます。

私が勧めるのは、例えば仕事の合間に、自分の①頭脳と、②感情と、③肉体の三つの現状を点検してみる方法です。外界に向いている意識を一時的に自分に向けて我れに返る訓練をするのです。これなら一〇秒もあればできるでしょう。要するに、自分の注意を自分に向けるのです。B図のようなバランスシートを作って記入するのも一方法です。

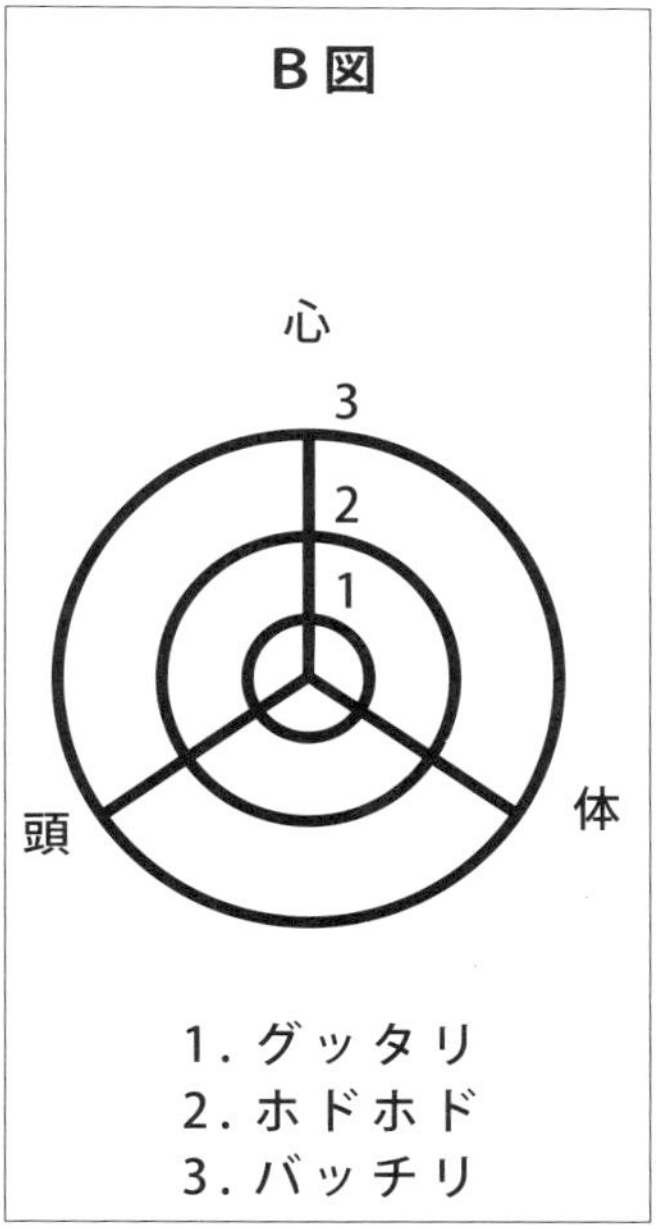

意識して深呼吸をしたり、脈を計ってみるのも我に返る手っ取り早い方法でしょう。

ただし、これらの訓練によって、いついかなる時にも平常心を保っていられるようになれるわけではありません。いざという時には心臓がドキドキしたり、顔が青ざめたりするでしょう。しかし、その時に、「今、自分の心臓が高鳴っているな」、「顔色が変わっているな」とチェックできるようになれるのです。チェックによってその場の自分の①〜③の状態を意識できれば、①〜③のいずれかを利用して平常な鼓動や顔色に戻せます。時にはそのまま心臓を高鳴らせておいた方がよい結果を生む場合もあるでしょう。日頃からチェック訓練をしていれば、そうした判断も冷静にできるようになります。

この訓練を重ねていけば、やがては、世界の中心がどこか自分の外にあって自分はそれに振りまわされているのだといった受動的・消極的な世界認識が誤りであることにも気づけるようになります。つまり、真の〈自己中心〉の意味を理解できるようになれるのです。家族も、会社も、国家も、すべてわたしたち一人一人の周りにあるものでしょう。自己の存在認識に関する限り、地動説でなく地球を自分に見立てた天動説が正しいのです。わたしたち一人一人が世界の中心に位置しているのだという真相に気づけば、３ｒｄステップのⅢ自立心を高めるの項で述べた「わたしが会社だ」、「わたしが国家だ」という気概も自然と生まれてきます。わたしたちの一挙手一投足が世界を変えるという意味も体感を通して確信できるようになれるのです。

（２）日頃からシミュレーションを心がけよう。

（３）折りに触れて意識を自分自身に向け、自分の①頭脳、②感情、③肉体の現状を点検する習慣を身につけよう。

以上がｉ決断力に関する要点です。以下はⅱ自制力に関する要点です。

３　自制力

【自制力とは？】　ｉ決断力が意思を外に向けて発揮する力《パワー》であるのに対して、ⅱ自制力は内に向けて発揮する力《パワー》です。これまで本ステップで見てきたⅠ～Ⅴの「力《りょく》」はすべて対立する二要素から成り立っています。Ⅰの「行動力」はⅰ瞬発力とⅱ制御力、Ⅱの「公正力」はⅰ他人に対する公平平等とⅱ自分に対する公明正大、Ⅲの「思考力」はⅰ学習力（真似る力）とⅱ独創力、Ⅳの「交渉力」はⅰ相手に踏み込む説得力とⅱ引き入れる社交力といった具合です。それら対立関係にある二つの要素をバランスよく扱えるようになった時、その人は〈中庸〉点を得た行動をとれるようになったと評価できるのです。

Ⅴの「統率力」も、ⅰ決断力とⅱ自制力の二つがバランスを保ってこそ最高の効果を発揮するものなのです。このバランスを失したばかりに稀代《きだい》の英雄が暴君となって歴史に汚名を残した例は、それこそ枚挙に暇《いとま》がありません。

とは言っても、自制力は、あまりに若いうちから活性化させるには及びません。それでは消極的になったり、小さくまとまりかねないからです。自制力は上級のリーダーになった時点でこそ活性化させるべき力《パワー》なのです。

【自制力と自省】　自制力は自省から生じるものでもあります。孔子は自省のためのチェック項目を数多く挙げています。

――**利益を前にしたなら、それが道義に反するものでないかどうか確かめてみよ。**（憲問第一四―一三）

――**リーダーたる者には三つの戒《いまし》めがある。若いうちは、ホルモンのバランスが不安定だから、**

気をつけるべきは性欲だ。壮年になると気力が充実するので、気をつけるべきは無用な闘争心だ。老いると気力は衰えるが気をつけるべきは名誉欲だ。（季子第一六―七）

上級リーダーになったなら、お山の大将にならないために、畏《おそ》れるものを持つべきだとも教えています。

――**自分を超えた大きな力の存在に気づかなければ自分の使命もわからず、良きリーダーにはなれない。**（堯曰第二〇―五）

――**リーダーたる者は、畏《おそ》れ敬《うやま》うものを三つ持て。天の道理を畏れ敬い、大人物を畏れ敬い、聖人が残した言葉を畏れ敬え。**（季氏第一六―八）

部下との関係についても自己チェック基準を示しています。

――**良きリーダーは、仕えるのは容易だが喜ばせるのは難しい。業績を上げても正しい方法でないと喜んでくれないからだ。しかし部下の長所に応じて仕事を命じるから、その点では仕えるのは容易だ。一方、小人物に仕えるのは難しいが、喜ばせるのは簡単だ。どんな方法だろうと業績を上げれば喜ぶからだ。しかし人を万能ロボットのようにコキ使うから仕えるのは大変だ。**（子路第一三―二五）

この章句の最後の一節は、Ⅱの公正力を磨くでも――**備《そな》わるを一人《いちにん》に求むることなかれ。**――として取り上げましたが、「一人《いちにん》に」とは他人を意味しているだけではありません。上級リーダーの地位に就くと、自分自身を万能と思い込んで何でもかんでも仕事を引き受けて身体を壊す人が少なくありません。自分を滅私奉公の万能ロボットのように扱ってもいけないのです。

孔子は、――**君子に九思《きゅうし》あり。**（季子第一六―一〇）――と述べて、良きリーダーとしての条件を九点挙げています。

（一）的確にものを観ることができるか？

（二）部下の言うことを誤りなく聞くことができるか？

（三）表情を穏やかに保っているか？

（四）立ちい振る舞いが礼儀にかなっているか？

（五）言葉を違《たが》えないか？

（六）仕事に誠実に取り組んでいるか？

（七）わからないことを目下の者にも訊けるか？

（八）見境いなく怒ったりしないか？

（九）社会正義に反した利益を追求していないか？

現在でも立派に役立つ自省項目でしょう。

【自制と強制】　自制力も自省も、それを自慢したり部下に強制したくなったら、それはどこかに無理が生じている証拠ですから、それこそ自制して即刻やめることです。部下に各自に適合したモットーや座右《ざゆう》の銘《めい》を持つことを勧めるのは構いませんが、リーダーが自分が好むスローガンを押しつけるのは厳禁です。組織というのはさまざまな人間が集まってこそパワーを発揮できるものなのですから、組織を単一のスローガンで一色に染め上げるのは組織を弱体化させる行為でしかありません。一色にすると、その瞬間は結束が高まったかに見えますが、それは満員電車の乗客を結束していると見なすのと変わらない錯覚なのです。一色に染まった組織は一色の対応しかできませんから何よりも危機に脆《もろ》いのです。上級のリーダーを目指す者はその点をよくよく肝に銘じておくとよいでしょう。

（1）自制力や自省は、自慢したり強制したりすべきものではない。

（2）統率を、組織を一色に染め上げることと誤解してはならない。

4 自制力の鍛え方

【自省の頻度】 自省の回数に関しては、孔子の弟子の曽子が——**吾《わ》れ日に吾が身《み》を三省《さんせい》す**。（学而第一—四）——**自分は日に何度も反省する**。——と述べていますが、これも——**過ぎたるはなお及ばざるがごとし**。（先進第一一—一六）——の類で、自省は月に一度か二度すれば十分でしょう。

【日記の効用】 自省の習慣を自然に身につけるのに最も有効な方法は、日記をつけて時折り読み返してみることです。一日の最後にその日の出来事を思い起こす時間を持つだけでも精神衛生上、有益です。こまめに日記をつけていれば、改めて自己管理法などを学ぶに及ばないほどです。日記を持続させるコツはその日の出来事を細大漏らさず書き記《しる》すなどと考えないことです。ほんの一行でも一語でも何かを毎日書き残しておけば、読み返すとその日の出来事や心持ちを鮮《あざ》やかに思い起こせるようになるものです。優れたアスリートの多くがトレーニング日誌をつけており、技能の向上やスランプの克服に利用しているのは周知の通りですが、上級のリーダーの地位についたならメモ程度でもよいから毎日の記録を残し、折りにふれて読み返す習慣を身につけるとよいでしょう。

【口より耳】　統率力というのは、人を惹《ひ》きつける力であり、あからさまに言えば人を支配する力です。３ｒｄステップのⅣ持続心を高めるの項で、成功の方程式の一つとして、《成功＝能力×時間》を挙げましたが、じつはもう一つの成功の方程式があるのです。それは、《成功＝金銭×時間》というものです。企業はもっぱらこの方程式を利用しています。企業は企業自体に才能や能力があるわけでなく、金銭で従業員から才や能力を買い集めているわけです。

この第二方程式は、人を統率する際にも有効です。金銭で人を支配したり言いなりにする方法はお馴染みですが、金銭でなく、時間をかけて相手の話を聞くのです。かつてのソ連でトロツキーや他の同僚から無能扱いされていたスターリンが最終的に権力を握れたのは、この方法によってでした。スターリンは部下や陳情者の話を遮《さえぎ》らずに忍耐強く聞くことにかけては群を抜いていたのです。時には階段の踊り場で二時間も三時間も相手の話を聴いていたといいます。人は結果的には頼みごとが叶《かな》わなくても、自分の話をじっくりと聞いてくれた相手に好印象を懐くものです。ですから、いざと言う時に縦横に統率力を発揮したいと望む者は、Ⅳ交渉力を磨くの項でも挙げておいたように、日頃から部下の言葉を最後まで聞く能力をしっかりと活性化しておくことが肝心なのです。

（３）日記や日誌は自省の糧《かて》となり、自制力の強化に役立つ。

（４）統率の根幹は、日常の人心の掌握にある。

※

それでは最後に、本ステップの教訓を１ｓｔステップからの通し番号で列記しておきましょう。

◎The 4th Stepのまとめ

教訓10 仕事に対するフットワークを身につけよう。

教訓11 仕事は、最初に終了時間を設定し、逆算して段取りをつけよう。

教訓12 仕事に対する正攻法を身につけよう。

教訓13 陰口にひるむな。

教訓14 部下を公平平等に扱おう。

教訓15 褒め方と、叱り方をマスターしよう。

教訓16 失敗をしたら、すぐに認めて、改めよう。

教訓17 部下や後輩に礼儀正しく接しよう。

教訓18 六方図を参考に「分離」と「結合」操作に習熟し、独創力を鍛えよう。

教訓19 言葉の「心技体」を強化し「天地人」に気を配り、説得力を磨こう。

教訓20 社交力の源泉は〈自己愛〉にある。

教訓21 交渉には、「ギヴアンドテイク」と「三方良し」の精神で臨もう。

教訓22 決断に当たっては最悪を想定し、やると決めたら果敢に行おう。

教訓23 日々、自分ならどうするかシミュレーションを行おう。

教訓24 〈自己中心〉の生き方を活用し、つねに「我れ」を見失わないようにしよう。

The 5th Step

三つの養《よう》

一　家を斉《ととの》える

【斉家《せいか》とは?】　4thステップを修了できたならば、企業での出世を望んだ者は課長や部長といった地位に就いていたり、ほかの欲望の道を歩んだ者もおよその目鼻がついているでしょう。その間に多くの人が結婚もしているでしょう。「斉家《せいか》」とは家庭を築き運営することです。

私的生活と公的生活とを対立させずに、家庭生活を社会生活の一環として組み入れている点が「八条目」の特色だと指摘しましたが、家庭生活とは①親子関係と、②夫婦関係を意味しますから、「斉家」のステップは独身者にも欠かせないステップなのです。

『論語』には①親子関係についての記述は数多くありますが、あいにく②夫婦関係についての記述は一つもありません。

孔子は数え齢の一九歳で結婚して二〇歳で長男をもうけ、ほかに少なくとも娘が一人いたことや一人の異母兄とその娘がいたことが『論語』(公冶長第五―一・二)からわかります。しかし、宋《そう》国の幵官《けんかん》氏の女《むすめ》と伝えられる夫人についての記述はありません。あえて挙げれば――**唯《た》だ女《じょ》子《し》と小人《しょうじん》は養《やしな》いがたし**。(陽貨第一七―二五)――の章句の「女子」が夫人を指すとの説があるくらいですが、この章句は孔子の屋敷内で働く下女や下男の使い方の難しさを述べたもので、女性一般や孔子の夫人について述べたものではありません。弟子たちの結婚生活に関しても『論語』の中ではまったく触れられていません。

ということは、のちの儒教の夫唱婦随や女性蔑視的な家庭道徳は孔子の教えに直接由来するものではないということです。ですが、孔子は二度にわたって合計二〇年以上も故国を離れて亡命生活を送っており、その間は家庭は放りっぱなしにしていたようですから、夫人の目から見れば良き家庭人だったとは言えそうにありません。

孔子は最晩年にこそ家でのびのびと生活をしていた（述而第七—四）ようですが、彼の生涯は家庭的には恵まれたものではありませんでした。父親は魯国の武将だったと伝えられていますが、孔子が生まれた時に六〇歳を越えており、孔子が数え齢三歳の年に亡くなったとされています。以降は母親の手で育てられたようです。ちなみに孔子を崇拝してやまなかった孟子も母子家庭だったようです。孔子は子供の頃に神霊を祭る遊びをしていたと伝えられているところから、母親はそうした世界に関係していたのではないかと推測されており、白川静氏は「巫児《ふじょ》の庶生児ではないか」と推測しています。巫児というのは、結婚をしないで巫女《みこ》となった女性です。そうだとすると、巫女は結婚を禁じられており、孔子を産んだ母親は破戒の巫女だったわけですから、さだめし陰口もたたかれたことでしょう。孔子はイジメに遭っていたかもしれません。ただ、巫女は文字に通じており、孔子は文字を母親から習うことができた利点はあったでしょう。

孔子には異母兄のほかに異母姉が九人いたという説もありますが、いずれも齢が離れており孤独な少年時代を過ごしたようです。母親は近所の相談事を占ったりして細々《ほそぼそ》と生計を立てて孔子を養っていたのでしょうか？　母親は孔子が二四歳の時に亡くなったとされていますが、一六歳で孔子を産んだといいますから、享年四〇歳です。もっと早くに亡くなったという説もありますが、貧しい孔子が一九歳で結婚したり、大男の孔子が手っ取り早く出世が見込める武人にならなかったのは母親を気づかってのことだと考えると、母親は孔子が二〇歳を過ぎるまで生きていたと見るのが妥当ではないでしょうか。

恵まれない家庭環境で成人したためか、孔子は家庭を社会の基盤とみなして重視しています。夫婦でいかに家庭を築き上げていくべきかといった今日的な教訓は『論語』からは読み取れませんが、三つの養《よう》、Ⅰ親に対する「孝養」と、Ⅱ子供の「養育」に関する教訓には事欠きません。もう一つ見落とされがちな家庭の役割が、Ⅲ「養生《ようじょう》」です。これも、この順に見ていきましょう。

二　三つの養《よう》を行おう

Ⅰ　孝養する

【儒教の孝行】　儒教にとって親孝行は、皇帝に対する絶対的な忠誠心を国民（＝臣民）に叩き込むための基礎でしたから、つねに「忠義」と抱き合わせで教え込まれました。「忠孝両全《りょうぜん》」といって、忠義と孝行を共に全《まっと》うすることが臣民の義務とされたのです。

そのために、親孝行も時代をへるに従って次第に常軌を逸したものになっていきます。元《げん》の時代に作られた『二十四孝《にじゅうしこう》』にはこんな逸話が載っています。

――**郭巨《かくきょ》は貧しくて母親に十分な食事を与えられなかった。そこで口減らしのために三歳になるわが子を殺そうと決意して山に入り子供を生き埋めにするための穴を掘った。すると親孝行に感じいった天の助けで金銀の入った壺を掘り当てることができた。**

この逸話に対して福沢諭吉氏は『学問のスゝメ』の中で、「父母を養うべき働《はたらき》もなく、途方に暮れて罪もなき子を生きながら穴に埋めんとするその心は、鬼とも云うべし、蛇《じゃ》とも云うべし」とこっぴどく批判しています。また氏は、儒教の親孝行を「十に八、九は人間に出来難《がた》き事を勧めるか、又は愚にして笑うべき事を説くか、甚《はなは》だしきは理に背《そむ》きたる事を誉《ほ》めて孝行とするものあり」と痛罵《つうば》しています。

【孔子の孝養】　現実主義者である孔子の説く親孝行は、儒教の説く親孝行とはまったく異《ちが》うものでした。親孝行は「恕《じょ》」（＝思いやり）や礼儀の自然な表われとみなされており、孔子が勧める孝行は、その気になれば誰にでもでき、今日でも十分に役立つものです。『論語』の中の主だったものを現代風に訳して列記しておきましょう。

（１）親が健在な時の親孝行

○父母の年齢は覚えておくとよい。一つには親の長寿を喜ぶために、一つには親の老いを気づかうために。（里仁第四―二一）

親は最も身近にいる人生の先輩ですから、親の年齢を知っておくと、自分が親の年齢に達した時の行動指針にもなります。

○親は、子供が幾つになっても子供の健康を心配するものだから、病気やケガをしないように心がけるだけでも立派に親孝行をしていると言える。（為政第二―六）

○父母が健在な間は、長期間遠くに行くのは控え、行くならきちんと報告して安心させてから行くようにすべきだ。（里仁第四―一九）

○親を衣食住の不足がないように養っているだけでは親孝行とは呼べない。親に対する敬愛の情がこめられていなくてはダメだ。（為政第二―七）

では、敬愛とは、具体的にどうすればよいのかも述べています。

○美味《おい》しいものが手に入ったら真っ先に勧め、力仕事を代わってやるというだけでは不十分だ。何よりも親には笑顔をもって接することが肝心だ。（為政第二―八）

○親が年老いて間違いやソソウをした時には、やさしく注意をし、聞き入れられなくても敬意

を失ったり、恨みがましく思ったりしないことだ。（里仁第四―一八）

（2）親の死後の孝行

○葬儀は形式ばる必要はない。質素でよいから心から悼《いた》み哀しむことだ。（八佾第三―四）

○生前の親の習慣《しきたり》を変える場合も、亡くなった途端に一挙にひっくり返すのでなく、敬意を払って時間をかけて徐々に変えるようにするとよい。（学而第一―一一・里仁第四―二〇）

○親は子を三年間は懐《ふところ》に抱いて育ててくれたのだから、親が亡くなってから少なくとも三年間くらいは折りにふれて親を偲《しの》びたいものだ。（陽貨第一七―二一）

Ⅱ　養育する

【孔子の子育て】　孔子が最初の亡命生活をしたのは三六歳の時でしたが、一六歳になる息子の鯉《り》を連れて行かず、鯉は多感な九年間を父親不在の家庭で過ごしたようです。

孔子は息子に英才教育をしたりはせず、庭先で顔を合わせた時に、読むべき古典の書名を教える程度でした。それが家庭教育を意味する「庭訓《ていきん》」の語の由来になっています。

孔子は、自分の学問の後継者を息子ではなく、弟子の顔回にと決めていたようです。門閥を嫌った孔子だけに世襲を避けたのでしょうが、顔回より一〇歳年長の鯉としては心穏やかでなかったかもしれません。鯉は孔子が二度目の亡命生活から帰った年に五〇歳で亡くなり、翌年には顔回も亡くなったので、孔子の希望は実現しませんでしたが、鯉の子供の九歳になる子思《しし》がおり、孔子の教えは孫に引き継がれることになりました。それ以降、代々世襲されて現在は一九七五年生まれの第七九代目の孔重長《じゅうちょう》氏に至っているのですから、門閥を打破しようとした孔子にとっては皮肉な結果になったと言うべきかもしれません。

【福沢氏の子育て】 福沢諭吉氏は夫婦や家庭のあり方に関しても、子供の養育に関しても極めて開明的でした。氏は夫人との間に四男五女をもうけ、『自伝』に「品行家風」の一章を設けて自らが実践した子育ての秘訣を開示しています。これも現在に役立ちそうな部分を列記しておきましょう。

（1）子育ての秘訣

○夫婦・親子が仲良く暮らす。

○夫婦・親子間に隠しごとをしない。

○子供たちを平等にあつかい、男児・女児の間に軽重愛憎の差別をつけない。

○躾《しつけ》は、温和を旨《むね》とし、大抵のところまでは子供の自由にまかせる。

○五歳までは知識教育を控え、身体を動かすことを優先させる。

これまた当たり前のような教えですが、当たり前のことほど実行できないものです。とりわけ早期教育をよしとする風潮の強い昨今では、子供の成長を待たずに無理な知識教育を施して子供を勉強ぎらいにさせてしまいがちです。ジョン・スチューアート・ミル氏の『ミル自伝』にもあるように、早期教育の弊害は極めて大きなものなのです。孔子は、――**日常生活で生活の作法を学んで、それが十分に身についてから知育教育を始めれば十分だ。**（学而第一―六）――と述べていますが、福沢氏とまったく同じ考えだったわけです。

【夫婦創姓】　福沢氏は、門閥を根底から崩そうと、明治一八年（一八八五年）に『日本婦人論』を著し、男女が結婚したら両者の姓の一部ずつを取ってまったく新たな姓を名乗るべきだと主張しています。そうすれば夫婦で協力して一つの家庭を築くという意識を持てるようになり、代々にわたって家門を護るという従来の封建的な家庭意識を改められ、長男重視のいびつな養育方針や、門閥制度も打破できると考えたのです。姓が一代限りで終わるので、姓が無数に増えて現実的でないとの反論もありますが、意気込みは大いに買ってよいでしょう。ちなみに、中国では、子供が両親と同姓の者と結婚するのを禁忌《タブー》とする「同姓不婚《どうせいふこん》」の風習があり、現在でも女性は結婚後も姓を変えず、表札には夫婦双方の姓名を列記していますが、子供は男女とも父親の姓を名乗るのが一般的です。

（２）歪《いびつ》な家門意識や特権意識を植えつけないように育てる。

Ⅲ　養生《ようじょう》する

【養生とは?】　親に対するⅠ「孝養」と、子供に対するⅡ「養育」と並ぶ「斉家」の三本柱の一つが、自分に対する「養生」です。

「養生」は、現代風に言えば「健康管理」や「環境問題」ということになりますが、その中心は何と言っても「休養」です。「休養」というと、何もしないでただ身体を休める消極的な行為と思われがちですが、そうした認識も儒教の悪影響の一つです。儒教では滅私奉公や刻苦勉励を強調して、休養を怠惰や暇つぶしと同類のものとみなして否定してきたのです。

「養生」は「生を養《やしな》う」という読み下し文からもわかるように、仕事から離れて生まれながらの人間に具《そな》わっている「気」、すなわち「元気」を回復させる行為です。

「気」というと道教の教えと思い込んでいる読者が少なくないでしょうが、「天は正しい行動をしている者を見捨てはしない」という孔子のバックボーンは、宇宙は正しい「気」（＝正気《せいき》）で満たされているという中国古来の自然観から導き出されているものなのです。孟子はそれを「浩然《こうぜん》の気」と名づけています。「正気」や「浩然の気」の反対が「邪気」であり、家庭の主要な役割は、社会生活で生じた邪気を払い、心や肉体を正気で満たすことなのです。それが「休養」の真の意味です。

【孔子の家庭生活】 晩年の孔子が家ではのびのびとくつろいでいたことはすでに触れましたが、孔子は、――**その安《やす》んずるところを察すれば、人いずくんぞ廋《かく》さんや。**（為政第二―一〇）――と述べています。

「安んずるところ」を家庭と解釈すると、――**家庭でくつろいでいる様子を観察すれば、上辺《うわべ》をどんなに飾っていてもその人の人柄がたちどころにわかるものだ。**――という意味になります。これも現代に立派に通用する真理でしょう。とりわけ男性は、外ではいかにも民主的なことを言っているのに、家ではふんぞり返っている人が少なくないものです。

【健康管理】 身体が不調な時には精神も不調になりますが、孔子は精神の器としての身体にことのほか気を配っていました。つまり「養生」を心がけていたのです。ですから数え齢七四歳で亡くなる直前まで元気でいられたのでしょう。

孔子は、――**夏は単衣《ひとえ》の服を着用し、冬は暖かな毛皮を身につけ、食事は白米を主食にして魚と肉をバランスよく食べ、少しでも傷んでいるものは口にせず、野菜は旬《しゅん》のものを選び、市場で売っている粗悪な酒や干し肉は口にしなかった。**――（郷党第一〇―六・八）と言います。

酒は好きでしたが、――**酔っ払うほどには飲まない。**（子罕第九―一六）――ことを自讃していいます。とはいえ孔子は身長二メートル近い大男でしたから、かなりの酒量ではあったことは間違いないでしょう。すでに触れたように、弓や御車や狩りなどで身体を鍛えてもいます。

ちなみに福沢諭吉氏も酒に目がなく、壮年になるまで飲酒癖を止められなかったと白状しています。氏の死因となる脳卒中は明らかにその影響でしょうが、健康のために早朝の長距離散歩《ウォーキング》をし、午後には居合《いあい》をやっています。長期の家族旅行もしています。個人が独立してこそ国家の独立が達成できると主張した福沢氏は、健康でよき家庭を築いてこそよき社会を築くことができるという「養生」および「斉家」の精神を実践していたわけです。

（1）健康の自己管理を行おう。

【習いごと】 私が教職に就いた時に、長老格の教員から「若いうちは余裕がないだろうが、四〇代に入ると子育ても一段落するから、一流の師について習いごとをしなさい」とアドバイスされました。習いごとをするならもっと早くからすべきだろうと考えていた私が納得しかねる顔をすると、長老は、①永年教員をしていると習うことの大変さがわからなくなる、②四〇代に入ると役職に就き酒席などが増えるから誘いを断る口実となる、と説明してくれました。習いごとは精神と肉体双方の「養生」に役立つというわけです。

当時は実際に年輩の教員の多くが習いごとをしていました。思い起こしてみると、明治末期生まれの私の父の世代くらいまでは、普通の勤め人でも習いごとをしていたものです。私が教員になった一九七〇年代初期、家から最寄りの駅まで徒歩で一五分ほどの道沿いに、茶道・華道・琴・詩吟・謡曲・民謡の師範の看板を掲げて教授をしている家が六軒もありました。それが、私が四〇代半ばになって習いごとでも始めようかなと思い立った一九八〇年代末にはすべてでなくなっていました。世はバブル経済の真っ盛りで、遊びごとに金を使うサラリーマンは大勢いても習いごとに金を使う者はいなくなっていたのです。「生活習慣病」や「過労死」といった言葉が日常用語になったのもその頃からのことです。

孔子が数多くの芸を持ち、それが苦難続きの生活の支えになっていたこともすでに述べましたが、習いごとは私生活と社会生活の双方をバランスよくリンクさせる〈中庸〉点を見い出すためにも役立つものなのです。

（２）仕事や責任が重くなってきた頃にこそ習いごとを始めよう。

【破綻指数】　一九九〇年代末期に大蔵省の高官が相い継いで不肖事を引き起こすまでは、日本の官僚は世界一清廉《せいれん》で勤勉だと信じられていました。その象徴として年末になると予算折衝で泊まり込む主計官に毛布や夜食を持参して陣中見舞いに訪れる大蔵大臣の姿がテレビで風物詩のように放映されていたものです。私は、たまたま皎々《こうこう》と明かりの灯《とも》る年末の大蔵省庁舎を見上げたことがあります。一九六〇年代末期のことで、私は大学院生でした。当時、大蔵省には私の小学校時代の同級生と中学校時代の同級生の二人が新進気鋭のキャリア官僚として勤めていましたが、私は闇の中に浮かび上がる庁舎を眺めて、「ああ、こんなに夜遅くまで働かされる職業には就きたくないなァ」と思ったのを覚えています。と同時に、およそ一般人の生活リズムとかけ離れた時間帯に仕事をしている官僚に国民を満足させられる予算が組めるのかと疑問も抱きました。

ところがそれから二〇年ほどたち、教員の私が民間企業に就職したばかりのかつての生徒たちに会うと、彼らは異口同音に退社時間の遅さに悲鳴を上げるようになっていました。訊いてみると、「自分の仕事は終わっているのだが、先輩や上司が帰らないから帰れない」という返事でした。そうした彼らも、それから一〇年もたつと、「最近の新人は終業ベルが鳴ると帰り支度を始める」とグチをこぼすようになっていました。

教育現場も例外でなく、仕事がなくても夜遅くまで教員室に居残る教員が増えていました。彼らに訊くと、「早く帰宅すると、教員は楽をしていると近所で悪評が立つからだ」とのことでした。

経済学者は、日本の長期の経済不況が長時間労働を生み出していると主張していますが、私の観測では、長時間労働こそが長期の不況を生み出す元凶なのです。

大半の経済活動は一般庶民を対象にした物品の生産や販売を基盤にしていますが、企業に勤める者も一般消費者であることに変わりはありません。そうした者が職場に長時間縛りつけられて経済活動をできない状態にされていたのでは、商品が売れないのは当然ですし、消費活動から隔離されている者が人々の購買欲をそそるような商品開発などできっこないのも当然です。

終業時間が過ぎても七割の社員がサービス残業をしているような企業や組織は、七割の確立で破綻するとみなしてよいでしょう。大蔵省は二〇〇一年の省庁改変の際に伝統ある「大蔵省」の名称を返上して「財務省」と名を変えましたが、夜型の仕事ぶりは相変わらずのようで、清廉潔白の評価をいまだに回復できずにいるのも周知の通りです。

言い替えるなら、日本社会で生じた長期の経済停滞や、うつ病患者や自殺者の増大は、「斉家《せいか》」のステップ、とりわけ「休養」の大切さを忘却してしまっているために引き起こされているものだったのです。そこに気づかずに小手先の政策で経済を刺激しても、幸福感のともなう景気回復は不可能でしょう。

※

◎The 5th Stepのまとめ

教訓25　家庭における三つの「養」の中《うち》、とりわけ「休養」に気を配ろう。

教訓26　私的生活を疎《おろそ》かにした公的生活は破綻する。

The 6th Step

三つの論《ろん》

一 国を治める

【治国《ちこく》とは？】　「治国」とは企業でいえば執行部入りした段階です。政治家ならば党役員になった段階でしょうか。それまでは執行部に顔を向けて仕事をしていればよかったのですが、これからは役員として組織の構成員に顔を向けて仕事をしなければならなくなる段階です。当然のことながら、それまでとは異《ちが》った責任や義務が生じてきますから、まずはそういう立場になったことを自覚することが肝心です。

「将《しょう》に将たる器《うつわ》」（将軍たちを指揮する力量）という言葉がありますが、執行部員が命令を下す相手は主として上級のリーダーたちに向かってですから、それまでの「兵に将たる器」（兵卒を指揮する力量）から「将に将たる器」への意識転換が必要となるのです。

組織の執行部の一員になったということは、この先は実力を発揮してトップに登りつめるか、敗れて退職を余儀なくされるかの二者択一しかない地位に就いたということでもあります。実力の出しようによっては、現在のトップに警戒されて芽のうちに摘《つ》まれかねない危うい立場に立たされたということでもあります。

東洋の歴史の祖と言われる司馬遷《しばせん》が書いた『史記』には有能でありながら天下を取り損なった

英雄たちが数多く出てきます。「将に将たる器」という言葉を残した淮陰侯《わいいんこう》韓信も実力を恐れられて、漢の高祖に殺されてしまいました。日本でも才気を見せ過ぎたばかりに豊臣秀吉に煙たがられて遠国《おんごく》の領主に追いやられた蒲生氏郷《うじさと》や黒田如水《じょすい》の例があります。

金儲けや有名人を目指した者も同様です。ほぼ願望を達成できた段階ですから、それをどう維持発展させていくかが課題となるのです。本ステップの「治国」に関する孔子のアドバイスをしっかりと応用してみてください。しくじれば「にわか成金」や「一時のあだ花」の汚名を着せられて終わってしまうのです。

「治国」とは、ガヴァナンスの名で総称される組織の管理方法や統治能力のことであり、Ⅰ管理論、Ⅱ人材育成論、Ⅲ組織論の三つから成り立っています。これもこの順に見ていきますが、この三者はこれまでの項目以上に密接に関連していますから、要点は通し番号で記しておきます。

二　三つの論を会得《えとく》しよう

Ⅰ　管理論を会得する

【管理とは？】　管理には、企業のⅰ人の管理と、ⅱ製品や機材や建物の管理の二通りがあり、それぞれの部門ごとのマニュアル本も数多く市販されていますが、ここでは孔子が得意とするi人の管理に絞って見ていくことにしましょう。人の管理は、①部下管理論と、②自己管理論の二通りに大別できます。

1　部下の管理

【間接管理】「治国」の段階になるまでのリーダーとしての仕事は現場での陣頭指揮でしたが、執行部員になると現場から離れます。それでいて業績に対する責任は増すのですから、心配の余りどうしても部下である現場のリーダーに指揮を任せきれずに、あれこれと指示を出したり、なかには現場に乗り込んだりしがちなものです。しかし、それをしていたのでは「兵に将たる器」から「将に将たる器」への脱皮はできません。――**君子は器《うつわ》ならず**。（為政第二―一二）――という孔子の言葉は、正にこの段階におけるアドバイスなのです。

ジェネラリストとなったからには、スペシャリストのつもりでいつまでも技術的なことにかまけていてはならないのです。野球でも「名選手必ずしも名監督ならず」という言葉があるように、それまでの個人プレーヤーとしての能力にしがみついて脱皮をしそこなうと、個人プレーヤー時代の名声による期待が大きなだけに、監督としての不評を増大させかねません。

ヒトラーは将軍たちを前にして兵器の細々とした数値を諳《そら》んじて得意になっていますが、それこそ彼が「将に将たる器」に脱皮できなかった証拠です。独ソ戦でも局地戦にいたるまで作戦に介入しています。一方のスターリンは戦術は専門家の将軍たちに任せています（茫然自失して指揮を執れなかったのだという説もありますが……）。

執行部員として部下管理に成功したいと思うなら、思い切って個々の部下に裁量を委《ゆだ》ね、直接管理をしないように心がけることです。

孔子はさすがにそこに気づいており、こう述べています。

――**なんとも偉大なものだ、聖王と讃えられた舜《しゅん》王や禹《う》王の統治ぶりは。すべてを有能な部下たちに任せて、ご自身は直接関与しようとなさらなかった。**（泰伯第八―一八）

「治国」のステップでの部下管理とは、個々の部下の能力を直接評価したりするのでなく、評価システムづくりなど組織全体の管理を目的とするものなのです。

【トップダウン】　執行部に入ると特定の部門のすべての責任を負うことになりますが、責任感にかられてトップダウンの名の下に何もかもを自分一人で仕切ろうとする者がいます。これも墓穴を掘る誤りです。再三述べてきたように、自他ともに備わるを一人《いちにん》に求めてはいけないのです。

そもそも真のトップダウン方式とは、①部下とよく相談をし、②決定事項を周知させ、③最終決定と結果責任をトップが負うシステムを意味しているのです。一方、偽りのトップダウン方式は、①トップが一人で決め、②決定するまで周囲に何も伝えず、③成功したらトップの手柄にし、失敗したら部下に責任を押しつけるシステムを意味しているのです。
トップが日本より遥かに強大な権限を持っている米国でも、長期にわたって存続している企業は前者の方式で運営されています。

【叱り方と褒め方】 執行部入りしたからには、叱り方や褒め方もそれまでと同様にしていてはいけません。部下といっても相手は将の地位のリーダー達であり、こちらは将に将たる地位なのですから、発言の重みや影響力はそれまでとは桁違《けたちが》いだと考えるべきです。

4thステップのⅡ公正力を磨くの項で触れたように、孔子の弟子の宰我《さいが》はのべつに孔子に叱られていますが、孔子は打たれ強い宰我を叱られ役にしていた可能性が大です。宰我は「親が死んで三年間も喪《も》に服するのは時間のムダだ」と発言して孔子にこっぴどく叱られていますが、孔子は宰我が退出した後で、残った弟子たちに三年の喪に服する理由を説明しているのです。そこから推察すると、宰我は孔子との暗黙の了解の下にわざと叱られるような発言をしていたともみなせそうです。

執行部入りをした者は、宰我のような叱られ役や反面教師役をつくっておいて、ワンクッションを置いて叱ったり説教したりするというテクニックを身につけるとよいでしょう。

『論語』には孔子のこんな逸話が載っています。

――**孔子が参内《さんだい》している間に馬小屋が火事になった。朝廷から戻った孔子は、事情を聞くと、**

「で、誰も怪我はなかったか？」と訊ねたが、馬については一言も問わなかった。（郷党第一〇―一三）

古典落語の「厩火事《うまやかじ》」のネタになっている章句です。動物愛護家なら怒り出しそうな逸話ですが、名馬ほど火を恐れると言いますから、馬は逃げ去るか焼け死ぬかして飼育係はどんなにこっぴどく叱られるかとビクビクしていたに違いありません。それに対する孔子の態度は、孔子の思いやりの深さを示すものと解釈されていますが、これも穿《うが》った見方をすれば、この章句は叱り方の極意を示しているのです。

失敗をして「シマッタ！」と思っている者に対しては、なまじ叱るよりも叱らない方がよほど骨身に応える叱り方になる場合があります。この章句の場合、飼育係は二度と火事を出すまいと決意したことでしょうし、孔子の恩情を深く心に刻んだことでしょう。孔子は、直接叱らないことによって一石二鳥の効果を上げているのです。執行部員になったなら、こうした叱り方のテクニックもマスターすべきです。これも間接管理の一種と言えます。

若い者などを直接叱らねばならない時には、ことわざや格言を利用するとよいでしょう。ことわざや格言は疎遠な関係やジェネレーションギャップを埋める潤滑剤《じゅんかつ》として役立ちます。親が子供を叱る場合も同様です。子供が従わなくても、ことわざや格言を覚えさせる機会になり、格言やことわざはいずれはジワジワと骨身に染みていくものです。

褒め方に関しては、孔子はこんな発言をしています。

――**破れた綿入《わたいれ》の羽織を着て、狐や狢《むじな》の高級な毛皮のコートを身にまとった者たちと並び立っても、少しも恥じ入った様子を見せないのは、数ある弟子の中でも、まず子路《しろ》くらいのものだろうな。**（子罕第九―二七）

孔子は常々、――**道義に生きようと決意しながら、粗衣粗食《そいそしょく》を恥じるような者とは、とてもじゃないが一緒に語る気にもなれんよ。**（里仁第四―九）――と語っていましたから、これは子路に対する最大級の讃辞です。

人を褒める時には当人を交えた人前で褒めるのが原則ですが、この時には子路はいなかったと考えられます。陰でこんな褒め方をされ、後から人づてに聞いたなら、熱血漢の子路でなくとも「この師のためなら生命《いのち》も投げ出そう」と感激するでしょう。

これも執行部員になったなら身につけておきたい間接管理法的な褒め方のテクニックです。

（1）執行部員になったなら、間接管理法を身につけよう。

2　自己管理

【権力闘争】　執行部員にとっての自己管理の最重要課題は、権力欲の自制です。4thステップのV統率力を磨くの項で既出したように、孔子は「三戒」の一つとして、壮年になっての無用な権力欲を戒《いまし》めています。トップの地位が見えてくると、気が急《せ》いて派閥活動などをしがちなものですし、自分から求めなくても周囲から担《かつ》がれて派閥活動に巻き込まれたりもします。孔子はこう諭《さと》しています。

――**よきリーダーは謹厳厳正だが、やたらと争ったりはしないものだ。大勢と一緒にいても、派閥を造って争ったりはしないものだ。**（衛霊公第一五―二二）

――**よきリーダーは協調性を発揮するが付和雷同はしない。小人物は付和雷同するが、協調はしないものだ。**（子路第一三―二三）

執行部入りした段階では、周囲の全員がライバルに見えてきますから、ライバル意識の転換も必要です。若いうちは身近に特定のライバルを持つことは励みになりますが、「治国」の段階に達した者は、身近の特定の個人をライバル視するのでなく、昨日の自分や明日の自分をライバルとするとよいでしょう。

ちなみに西郷隆盛氏は、「人と競《きそ》わず、天と競え」とアドバイスしています。いずれによ、「治国」の段階に到達したら、人格を磨くことが責務となるのです。

（２）権力欲を制御し、人格を磨け。

Ⅱ　人材育成論を会得する

【人材育成とは？】　人材の育成は執行部員の最重要任務ですが、これはⅰ人材発掘と、ⅱ人材教育の二つからなっています。人材は組織の要《かなめ》ですから、執行部員がいかに人材を発掘でき、適材適所に配置できるかに組織の浮沈がかかっているのです。すでに現場のリーダーとして部下を公正に扱うことや部下の教育はマスターしているでしょうが、これまでは部下を選べる立場でなかったのですが、執行部員は人事権を握っているのですから、これまで以上に人間観察眼や公正力を発揮することが要求されるのです。

3　人材発掘

【ヘッドハンティング】　人材を登用する場合、ヘッドハンティングで有能な人材を組織に取り込むのは、組織にとって安上がりな方法であり、生え抜きの組織員への刺激にもなりますが、さほど能力のない者を入れた場合は組織の志気を著しく削《そ》ぐ結果になります。官僚の天下りなどは十中八九がそうした例です。低能力者の登用は、執行部全体に対する不信を生み出しもします。孔子はこう述べています。

——　**真っ直ぐな者を登用して曲がった者の上に置いたならば人々は従うが、曲がった者を登用**

して真っ直ぐな者の上に置いたなら誰も従わなくなる。（為政第二―一九）

では、どのようにして有能な人材を探し出したらよいのでしょうか？　孔子は魯国の家老の季《き》氏《し》の執事になっていた弟子の仲弓《ちゅうきゅう》からそう質問されて、次のように答えています。

――**お前にわかる範囲で優れた者を登用するがいい。お前が有能な人物を登用していると知ったなら、人々は競って有能な者を推薦してくるだろう。**（子路第一三―二）

ネットで求人広告を出しても一向に優秀な者が応募してこないと嘆く企業主がいますが、問題は応募側にあるのでなく、要は求人側が本気で有能な人材を求めていると発信できているかいないかの問題なのです。

【ペーパーテスト】　執行部員が任命責任を問われることを恐れて、長所を持つ者よりも欠点の少ない者を登用したり、公正を期すためと称してペーパーテストによる昇進制度を導入することもしばしば見受けられますが、いずれも組織を劣化させる方法です。一つには①人間を観る能力や人間に対する興味を組織全体から失わせてしまうこと、一つには②試験勉強のために本来の業務が疎《おろそ》かにされるからです。

学校秀才が社会に出て必ずしも成功するわけでないことは経験則的に知られていますが、ペーパーテストの導入は、中国の科挙の試験や、ハンモックナンバーと呼ばれた卒業席次が生涯ついて回る旧日本海軍の昇進制度や、現行の官僚のキャリア制度によって、組織を硬直化させるだけのものであることが十分すぎるほど立証済みなのです。

孔子は、――　**ひとかどの人物は大局的ことに通じるが小人物は細々《こまごま》としたことに通じるものだ。**（憲問第一四―二四）、――　**ひとかどの人物は小さな仕事には不向きだが大きな仕事を任せられる。一方、小人物は大きな仕事には向かないが小さな仕事は任せられる。**（衛霊公第一五―三四）――と述べています。

ペーパーテストは細々とした知識能力を見るには便利な方法ですが、そのため、ペーパーテストでは小知に長《た》けた小人物が好成績を上げ、大局に通じる者や大きな仕事を任せられる者が排除されて組織を劣化させる事態を招きがちなのです。とはいえ、孔子が指摘するように小人物も細々とした面では立派に組織に役立つことを忘れてはいけません。執行部員に要求されるのは、ペーパーテストなどに頼らずに次の二つを行う能力なのです。

（3）①大人物と小人物を見極め、②それぞれを適材適所に配置する。

4　人材教育

【人材育成とは？】　執行部員は、すでに現場のリーダーとして部下の育成を手がけており、基本的にはそれまでのやり方を拡張していけばよいのですが、成功者はとかく自分を成功させた方法を唯一絶対と思い込みがちですから、それまでのやり方に固執《こしゅう》しないようにすることが肝心です。

個人においても組織においても停頓《ていとん》や失敗は成功体験にアグラをかくことによって生じています。「失敗は成功の基《もと》」以上に「成功は失敗の基」を肝に銘じておくとよいでしょう。時代は、時々刻々動いており、かつての成功体験はもはや通用しないと考えるくらいが賢明です。〈中庸〉点が絶えず動いているのと同じことです。

家庭での子育てと組織内での教育とは、基本的には同じものです。子育ての難しさは、ジェネレーションギャップのある人間を扱う難しさですが、組織での人材育成の難しさも正にそこに在るのです。俗に「一〇歳違えば外国人、二〇《はたち》歳違えば宇宙人」と言われるように、常識はもとより言葉づかいから異《ちが》ってしまうのです。だからこそ、出世を望む者は「斉家《せいか》」のステップで子育てに十分に習熟しておくことが肝心なのです。

【失敗例】 家庭における子育ての失敗はおよそ以下のような経過をたどって進行します。

①過剰期待→②過保護・過干渉→③失望・非難→④無視・無関心→⑤排除・断絶。

一方、子供は親の①～⑤の過程に応じて、

①依存→②ストレス・わが儘《まま》→③反発・反逆→④非行・暴力→⑤無気力・引きこもり、という過程をたどります。

そもそもは、親が子供を自分の所有物とみなして自分が叶えられなかった願いや欲望を自分に代わって実現させようとしたり、成功した親ならば子供を自分とそっくりに育て上げようとして無理やりレールに乗せるところに原因があるのです。

組織における人材教育の失敗もこれとまったく同じです。では、どうしたらそうした弊害に陥らずに人材教育をできるのでしょうか？　孔子はこう述べています。

――**よい人物を登用して、未熟な者を教育させれば、有能な者を生み出せる。**（為政第二―二〇）

人材教育も、自分一人で行おうとせずに思い切って適任者に任せよ、ということです。

繰り返しになりますが、執行部員の任務は陣頭指揮を執《と》ることではなく、陣頭指揮を執る「将」が働きやすい環境を整備することなのです。それができてはじめて「将に将たる器」と呼べるのです。

【排除教育】　人材教育において最も陥りがちな誤りは、怠け者を排除しようとするあまり、細かな服務規程や罰則を導入する方法です。組織にはズルをする者が必ず出ます。ところが、それを防ぐために細かな規則をいくら作ってみても役立ちません。作った当初は一時的にズルがなくなるように見えますが、ズルをする者は罰則や規則をすり抜けようとあの手この手を考え出そうとします。

その間、彼らはますます仕事を怠けます。と同時に、新たに作られた罰則や規則は、それが細かなものであればあるほど、それまで自主的かつ積極的に働いていた者の活動を制限したり妨害するようになります。孔子はこう指摘しています。

――**人々を罰則で統制しようとすれば、抜け道を見い出し、罰則に触れさえしなければ何をしても恥ずかしいと思わなくなるものだ。**（為政第二―三）

規則作りに夢中になる執行部員は失格です。３ｒｄステップのⅢ自立心を高めるの項で述べたように、組織の構成員に資格をとるための金銭や時間的な援助をするほうが、規則や罰則を作りよりも遥かに簡単で何十倍もの効果を上げられます。といっても、資格取得を強制しては逆効果です。要は、どれだけ自立心に富んだ人材を育て上げられるかが、執行部入りしたリーダーの責務であり、そのためには功を焦らず、孔子の急がば回れ主義を用いて、一歩引いて長期的な人材育成を心がけるべきです。周囲に自立心の富んだ者が増えれば、ズルをする者も正しい方向に歩み出すようになるものです。

【腹心の部下】　以上のことを遅滞なく行うためには、執行部員は腹心の部下を持つことが大切です。ただし、これも間違えるとゴマスリを周囲に集めて墓穴を掘ることになりかねません。腹心の部下とは①良き相談相手であると同時に、②誤りを指摘し叱ってくれる部下のことです。自分より年長の部下を当てるとよいでしょう。

（４）自立した組織員を生み出す教育システムを作れ。

（５）身近に自分に意見や忠告をしてくれるご意見番を置こう。

Ⅲ　組織論を会得する

【組織論とは？】　組織の改編はトップの権限ですが、トップになってから考えたのでは遅すぎます。現場を離れて間もない執行部入りしたばかりの時期にこそ考えておくべき課題です。組織論は、ｉ組織形態論と、ⅱ組織役割論の二つから成り立っており、ｉはさらに①機構形態と、②人的形態に大別できます。では、その順に見ていきましょう。

5　機構形態

【組織の構造】　次の図を見てください。

わたしたちは、組織の機構図というとA図のピラミッド型を理想の形態と思いがちです。しかしC図でわかるように、ピラミッド型はB図のロシア正教会の屋根に似たネギ坊主型と比較すると、上部に人員が余剰に配置されている形態です。

底部を比較すると、ピラミッドの底部は正方形であり、ネギ坊主型の底部は円形です。これまた円形よりも正方形の方が安定しているように見えますが、組織が最も活動的であった草創期や成長期の姿を思い起こしてみてください。すると、側面図は頂点の低いネギ坊主型であり、底部はアメーバ状であったことに気づくでしょう。

草創期の組織は、縦割り機構もなく、少数の組織員の一人一人が触手を伸ばして情報を集め、それを互いが共有し、一丸となってここぞと思う分野に向かって突き進んでいたはずです。それが、やがてのことにB図のネギ坊主型をへて、ついには上部に大量の余剰ポストを抱え込むA図のピラミッド型へと変化していくのです。この変化は、外見上は組織の発展や進化に見えますが、現実にはメタボ化であり、明かに劣化です。底面も動きの活発なアメーバ状から円形に、さらには上部の余剰部分を支えるために動きの鈍い正方形へと変化していき、当然それに比例して組織の機敏性や活動力は失われていきます。

人間の細胞でも、最も活動的な白血球は活動時にはアメーバ状であり、役目を終えると直線を含んだ多角形状に変化して死んできます。エジプトのピラミッドが一見盤石《ばんじゃく》そうに見えるのは、じつは死んで動きを止めている建造物だからにほかならないのです。

6 人的形態

【人的形態】 組織の①機構形態の変化にともなって、組織の②人的形態も変化せざるを得なくなります。軍隊を例にとると、戦争で勝利を収めるのは優秀な下士官を抱えた軍隊であることは古今東西を問わない常識ですが、平時において最も圧縮されがちなのが下士官層であることも常識なのです。組織の機構がピラミッド型になっていくということは、ネギ坊主型のはみだし部分が削り落とされていくことであり、つまりは下士官層が縮小されることなのです。

下士官層は企業でいえば下級や中級の中間管理職です。下士官の役割は、自らも戦闘に加わりながら、現場の情報を精査して上層部に伝え、上層部から来る司令を噛み砕いて現場に伝えることであり、人体に譬《たと》えれば神経細胞に当たります。ですから、そこが手薄になったり断ち切られれば組織の動きはたちどころにマヒするのです。

一九八〇年代後半から職場にパソコンが導入されると、現場の情報は直接幹部に伝えることができるからとの理由で、中間管理職が大幅に削減されました。とりわけハイテク技術についていけないベテランの中間管理職層が配置転換や肩叩きで退職させられていったのです。その結果どうなったかというと、情報の精査を幹部がしなければならなくなり、幹部は大量に送りつけられてくる未整理の情報処理に忙殺されるようになったのです。

なかには、社長自らが社員の苦情や提案を受けつけるシステムを作り、新聞に「平成の目安箱《めやすばこ》」として取り上げられたりもしました。しかし、その結果は惨憺《さんたん》たるものでした。目安箱は江戸時代にとっくに失敗を立証されている制度なのです。初めのうちこそ投書はやむにやまれぬ気持ちを持った真摯《しんし》な提案が寄せられます。しかし、何を投書しても罰せられないとわかった途端に、ガセネタやエセ情報、はては個人の誹謗中傷・讒言《ざんげん》の大洪水となるのです。毎日、そんなメールを読んでいれば社長も疑心暗鬼にかられてしまうのがオチです。

中間管理層の縮小にさらなる追い打ちをかけたのがバブル経済の破綻でした。多くの企業が人減らしによる経費の削減を目指し、中間管理職のポストをさらに削減したのです。正社員も減らされ、穴埋めに非正規社員が補充されました。そうした状況が二〇年近く続いた結果、企業の多くは、脆弱《ぜいじゃく》な土台の上にピラミッドの上部だけが空中に浮かんでいるような形態を呈してしまっているのです。

【精神形態】　組織の①機構と②人的な形態変化は、経済のグローバル化によるやむを得ない変化だったと説明する経済学者がいますが、そもそもは一九八〇年代のバブル経済期に3K（危険・汚い・きつい）という言葉が流行し、若者の製造業ばなれや現場ばなれが進展したことに端を発しているのです。

それ以前にも日本では、現場を軽視ないし蔑視する風潮がキャリア官僚や陸軍大学校出身のエリート軍人の間に根深く存在していました。彼らの間では第一線に派遣されるのは左遷とみなされ、陸軍では「戦地（あるいは前線）に飛ばすぞ」という言葉が脅《おど》し文句として使われていたくらいです。それと似た風潮がバブル経済期に一挙に民間企業に浸透し、本社のデスクワークを最高の仕事とみなし、支店や支所の第一線の仕事を劣った仕事とみなす風潮が日本全土を覆《おお》ってしまったのです。

すなわち、組織の形態は、見えやすい①機構形態と②人的形態のほかに③精神形態があり、この三者が相乗的に絡《から》んで組織をスパイラルに急上昇させもすれば、急下降させもするのです。

（６）組織は、①機構形態と、②人的形態と、③精神形態の三つよりなっている。

7　組織を立て直す

【組織の蘇生】　では、劣化した組織を立て直すにはどうしたらよいのでしょうか？　草創期のような現場第一主義を復活することです。その手順としては、まずは優秀な中間管理者が育つように環境を整備することです。そのために執行部員が考えなければならないのは、組織員の待遇ですが、待遇改善は以下の三点に尽きます。

（一）地位を与える。

（二）給与を増やす。

（三）名誉を与える。

要は三つの「たい病」を刺激して士気を高めることですが、（一）は、単に昇進させるという意味ではなく、中間管理職のポストに大きな裁量権を与えることです。そうすれば現場の仕事が好きで現場にとどまる者が増え、現場を３Ｋ呼ばわりして一刻も早く現場から卒業しようとするような風潮はなくなります。

そうあるためには（二）の給与体系を変える必要があります。戦前の産業界では、現場の職工長が社長よりも高給を取っている例など幾らでもあったのです。現在でも、漁船では最高責任者は船長ですが、最高給与は漁労長でしょう。

本来、地位とはそれに付随する権限によって何事かを成すためのものであるのですから、社長や執行部員が現場の職員や中間管理職より高給でなければならない理由などまったくないのです。むしろ、いっそのこと出世をすれば給与が下がるシステムを作ってみるとよいでしょう。そうすれば、本当に経営をしたいと望む者だけしか役員になろうとしなくなるでしょう。政治家の場合も同様です。日本の国会議員は、実質四〇〇〇万円近い年収のために地位にしがみついているとしか思えない者だらけです。

（三）名誉に関しては、いずれの企業にも褒賞制度があるでしょうが、褒賞制度は気をつけないと政治家や官僚の叙勲制度と同様に形骸化して、「一将功成りて万骨枯る」状態になりかねません。その弊害を防ぐには、賞を受けられる資格を現場にいる者に限定し、個人褒賞と、貢献した部署全体の褒賞を併用することです。

褒賞は必ずしも顕著な功績にこだわることはありません。名誉を讃えるというのは、三つの「たい病」の一つの「有名になりたい」を刺激することであり、それは人間の社会的な欲求の一つである「承認の欲求」なのですから、どんなに小さな事柄でも認めて評価するシステムの構築が肝心です。人間は自分が必要とされていると意識した時ほどやる気を起こすことはないのですから、その習性を上手に活かすことです。

【移植療法】 組織の底部をアメーバー状に復活させることも重要です。組織が大きくなるに従って縦割りになることはある程度避けられませんが、発明や発見は縦割り部門の境界の隙間から生まれてくるものです。新たな産業も大半はいわゆる隙間《すきま》産業が発展したものです。ところが、いったん縦割りが出来上がってしまうと、隙間の存在にすら気づけなくなり、各部門が別々に同じ研究開発をしたり、相手の部門の仕事と思い込んで手を出さなかったりといった非効率が生じます。さしずめお役所仕事はその典型でしょう。

そうした弊害を改めるには、各部門を横断する会議や機関をつくり、仕事の仕分けをすることが肝心です。その際に注意すべきは、機関や会議のメンバーです。各部門のトップ級が集まったのでは縄張り争いを強めるだけで終わってしまいます。メンバーは現場に近い係長級の指導者を当てるべきです。そうした機関や会議に大きな権限を与え、各部門のトップは結果責任だけを負うのです。譬えてみれば、白血病治療の骨髄細胞移植と同様に、硬直した組織にアメーバー機構を移植するのです。

【組織の格づけ】　最後に、人に健康診断が必要なように、企業や組織にも健康診断は不可欠です。現在では企業の格づけが花盛りですが、判定は格づけ会社に頼らずとも、次の三点をチェックすれば十分です。

【組織格づけの三項目】
（一）ヒラからトップまで何段階の役職があるか？
（二）ヒラとトップの給与差がどれほどあるか？
（三）組織員の拘束時間がどれほどか？

いずれも少なければ少ないほど、トップが現場に近いところにいる証拠ですから優良な組織です。

（一）に関していえば、ヒラからトップまでが一方通行の昇り階段とみなされていること自体がおかしいのです。多くの私立学校では校長や教頭は任期制で、一期か二期務めれば元のヒラ教員に戻るのが普通です。その結果、役職中に得られた知識や経験をヒラの教員に戻ってから活かすことができます。ところが公立学校では、制度上、校長や教頭は降格という不名誉な形でしか一般教員に戻れません。官庁にせよ私企業にせよ、すべてのポストを任期制にすればさまざまなノウハウが循環され、無用な出世争いもなくなり、自分の適性も確認でき、一石二鳥どころか三鳥四鳥の効果を上げられるはずです。

(二)に関していえば、社長が高給を取りたいのなら、給与を従業員の平均給与の何倍かに定めることです。そうすれば、自分の給与を上げたければ従業員の給与を上げなければならず、そのための業績向上の努力を本気でするようになるでしょう。政治家の歳費も国民の平均年収を基準に設定すべきです。現在のように国会議員たちがお手盛りで歳費を決定できるシステムを放置しておいたなら、本気で国民の収入を上げる政策を考える議員など現れっこありません。

(三)に関しては5thステップのⅢの養生するの項で述べた通りです。

組織の立て直しには、①機構形態、②人的形態、③精神形態の三者の立て直しが不可欠ですが、その目指すところをワンフレーズで表わせば次のようになります。

(7)現場尊重主義を復活せよ。

さて、以上が会得すべき組織論のⅰ組織形態論に関する要点です。次はⅱ組織役割論に関する要点です。

8　組織の名称を正す

【正名《せいめい》】『論語』に、孔子と弟子の子路とのこんな会話が載っています。

子路　**先生が国の政治を任されたなら何から始めますか？**

孔子　**そうさな、まずは地位や部署の名前を正しくすることから始めるだろうな。**

子路　**どうしてですか。そんなことだから先生は世間知らずの遠回りだと言われてしまうんですよ。**

孔子　**相変わらずのガサツ者だね、お前ってやつは。世間知らずはお前のほうだ。組織や官職の名が正しくなければ、命令が正しく伝わらないではないか。命令が正しく伝わらなければ、社会秩序は生まれない。社会秩序が生まれなければ、社会規範も育たない。社会規範が育たなければ、裁判だって行えない。裁判が行えなければ、国民はのんびりと手足を伸ばしてくつろぐことすらできないじゃないか。**（子路第一三—三）

じつは、私も子路と同じく、各部署の名前を正したりするのは枝葉末節な行為で、仕事の内容を改めるのが先だろうと考えていました。そうした考えが誤りであることに気づいたのは、二〇〇二年一〇月にロシア連邦で劇場占拠事件が起きた時のことでした。

チェチェン自治区の独立を求める四二名のチェチェン人からなる武装集団がミュージカルを上演中の劇場を襲撃し、最終的に七〇〇余名の観客を人質に四日間にわたって立てこもった事件です。結果的にはロシア軍所属の秘密組織「テロ対策特殊部隊」の突入によって鎮圧されましたが、その際に死者が一二九人にも達し、しかも一一六人は突入の際に「テロ対策特殊部隊」が使用した特殊ガスによる中毒死だったのです。これではおよそ成功した救出作戦とは呼べませんが、前年に起きた同時多発テロでイラクとの対決姿勢を強めていた米国のブッシュ大統領が即座にプーチン大統領の決断を支持し、西欧の首脳もそれに引きずられる形で批判を手控えました。その結果、ロシア市民の大多数も「大量の死者が出たのは残念だが、二度とテロを起こさせぬためにはやむを得ない措置だった」と納得してしまったのです。

その後、「テロ対策特殊部隊」の指揮官は特殊ガスの使用に反対だったが、プーチン大統領の命令で踏み切ったとの報道がされましたが、大きな反響もなく、ガスの種類も部隊の実体も現在にいたるまで秘密にされたままです。

この一連の流れは、すべて「テロ対策特殊部隊」という組織名によって正当化されたと言ってよいでしょう。もしも特殊部隊が「人質救出特殊部隊」と名づけられていたならば、失敗は明白ですから非難囂々《ごうごう》になっていたでしょうし、プーチン大統領も特殊ガスの使用をためらった可能性が大です。ですが、「テロ対策特殊部隊」ならば、テロを押さえ込むのが目的ですから、人質に対する配慮は二の次ぎ三の次にされてしまいます。

同様な事態が二〇一一年の日本でも起きました。もしも、「原子力安全保安院」や「原子力安全委員会」が「市民安全保安院」や「住民安全委員会」という名称であったならば、両組織とも原子力発電の安全を宣伝する機関になり下がらずに、最悪の事態を想定したさまざまなシミュレーションも行われていたことでしょう。

昨今の政府や企業の命名法も同様です。政治家は外交や経済を戦争に見立てて「国家戦略室」や「互恵的戦略関係」といった意味不明な言葉を使用し、企業家は「販売戦術」、「宣伝戦略」といった軍事用語を多用していますが、そうした名称を正そうとしないのは、いまだに過労死を国際語にした企業戦士きどりから脱け出せていない何よりの証拠と言ってよいでしょう。そこに気づき改めるのが執行部員の重要な役目なのです。

（8）組織の名は体を表わす。

※

では、本ステップの教訓を要約しておきましょう。

◎The 6th Stepのまとめ

教訓27 執行部員の部下管理能力とは、仕事を部下に任せ切れる能力である。

教訓28 組織の人材教育の目的は、自立した組織員を育てることにある。

教訓29 執行部入りした者は、まず組織や部署の名称と役割を点検することから始めよう。

The 7th Step

二つの観《かん》

一 天下を平《たい》らかにする

それの道でトップに立った段階です。

【平天下《へいてんか》とは?】「平天下」とは、組織のトップに就いた段階です。他の欲望を目指した者もそれぞれの道でトップに立った段階です。

『論語』には人に関する言葉がいくつも出てきますが、君《きみ》、卿《けい》、大夫《たいふ》、士《し》、庶人《しょじん》というのは、社会的な身分を表わす語で、それぞれ君主、貴族、家老や家老級の上級士族、中および下級士族、一般庶民を意味しています。民《たみ》というのは農工商に従事する庶民を指しています。役職名も幾つも出てきますが、令尹《れいいん》は現在の首相に該当する地位を意味し、宰《さい》は町の代官から首相にいたる長のつく地位を意味しています。孔子の時代には奴隷がいたとの説もありますが、農奴的な者はいたでしょうが奴隷が制度として存在していたか否かの定説はありません。

以上の語に対して、聖人《せいじん》、大人《たいじん》、君子《くんし》、小人《しょうじん》というのは、人間の品位を意味する言葉です。ですから、身分や地位は低くても君子や大人に相当する人物は存在しますし、逆に身分や地位は高くても小人でしかない人物も存在するわけです。孔子は、高い身分に生まれついたり高い社会的地位に就いた者は、その身分や地位に見合った品位を身につけるべきだと主張しています。つまり天下を平らかにするトップの座についた者は、聖人や大人を目指せというわけです。ヨーロッパの貴族社会の「ノーブレス・オブリージュ」にも共通する考えです。そうした覚悟に耐えられない者は、トップの座を望まないことです。

「平天下」の段階で身につけるべきは、Ⅰ大局観と、Ⅱ処世観の二つです。これもこの順に見ていきましょう。

二　二つの観を持とう

Ⅰ　大局観を持とう

【大局観とは？】　トップの座に就いたなら、それまでのように自分が所属する組織のことだけを考えていては不十分です。少なくとも業界全体、さらには一国全体や世界を視野にいれて行動をする必要があります。与野党を問わず、政党の党首が党利党略に明け暮れていたり、社長が自社の利益だけを追い求めているようでは失格なのです。

では、大局観とは何かと言えば、トップが持つべき哲学や世界観です。自らの哲学や世界観を組織の内外に向けて発信するのがトップの役目です。

そう言うと、そうではないだろう、会社を発展させ従業員を幸せにするのが企業トップの役割だろうと反論する人がいます。しかし、それと私の主張とは何ら矛盾するものではありません。従業員を幸せにするという方針は正しいものなのですから、それを内外に向けて発信すればよいのです。

孔子は三〇歳ほど年長の鄭《てい》国の宰相の子産《しさん》（公孫僑《こうそんきょう》）を高く評価して、こう述べています。

――**鄭国では外交文書を作成する際に、知謀と学識と外交手腕に富む三人の大夫《たいふ》に創らせ、最後に子産が文飾を加えて完成させた。**（憲問第一四―九）

だから鄭国は晋《しん》、楚《そ》、衛《えい》といった大国に挟まれていながらつけ入られる隙を与えなかったのだと指摘しているのです。

子産にとって三人の大夫《たいふ》はライバル関係ですから蹴落としても不思議ではなかったのですが、子産は大局的な見地に立って協力関係を築き上げていたのです。

【文化の育成】　では、トップは具体的に何をすればよいのでしょうか？

２ｎｄステップの一の3で私は、社会は①経済的要素と②政治的要素と③文化的要素の三つによって成り立っていると述べましたが、組織もこの三要素によって成り立っています。トップがとりわけ力を注ぐべきは、この三要素うちの③文化的要素です。企業のトップとなったからには企業文化を育てることが、一国のトップとなったからには国家の気風を育てることが、トップたる者の責務なのです。

孔子は、――**周《しゅう》王朝の文化は夏《か》王朝と殷《いん》王朝の文化のよいところを引き継ぎ、まことに麗《うるわ》しい。**
――と讃え、――**吾《わ》れは周に従わん。**（八佾第三―一四）――と、周の文化を継承して広めることを自分の政治活動の目標に据《す》えています。

文化に力を注ぐというのは、単に芸術や芸術家のパトロンになるという意味ではありません。もちろんそうした支援は結構なことですが、バブル経済期に「メセナ」（＝フランス語で「文化擁護」の意）の名の下に多くの企業が芸術支援活動を行いましたが、バブルが弾《はじ》けると真っ先にメセスの予算を打ち切ってしまいました。そんな付け焼き刃的な行為をするくらいなら、法令遵守《コンプライアンス》に力を注ぐ方が遥かに立派な文化活動です。

【世界基準】　トップがなすべき文化活動は、世界基準を創成することです。現在の状況に目を奪われて対処療法をするのでなく、一段高所に立って未来を予測し、未来に向かって組織を牽引していく気概を示すことです。国や組織を人類史の最先端に立たせるのです。

では、人類の未来を知るにはどうすればよいのでしょうか？　これもすでに指摘したように孔子がその方法を教えています。――**未来を知りたければ過去を見よ。**（為政第二―二三）――というわけです。過去を見れば、**損《そん》**（＝減少したもの）と、**益《えき》**（＝増加したもの）が何であるかがわかると孔子は指摘しています。

孔子の方法で人類史を振り返ると、損（＝減少）した有用物の例として真っ先に挙げられるのは、

「自然」でしょう。益（＝増加）した有用物ならば「個人の自由」を挙げることができるでしょう。損益がわかったならば、次の段階では、それをどのように扱えば人類にとって、あるいは地球にとって有益なのかを判断すればよいのです。すると、自然の回復や、抑圧されている個人の自由の拡張を後押しする政策や企画を立てればよい、と判断できるでしょう。そうしたら、その方向へ組織や国を誘導していけばよいのです。

ほかにも、歴史上の損益は数多くありますから、例の「六方図」を利用して検討してみてください。人類や社会の利益に組織や国を向ければ、組織や国の発展は保証されたに等しいのです。逆を行えば、一時は利益を得られたにしても破綻することは必定なのです。

【人類の未来】 私は、二一世紀中に人類社会は現在の男性原理社会が退場して、女性原理が復活した女性原理社会になるだろうと予測しています。現在の世界は政治的にも経済的にも行き詰まっていますが、それは二項対立を機軸とする男性思考の行きづまりに起因しているのです。詳細はここでは割愛しますが、要はコインの裏表の対立思考からジャンケンポンの循環思考への切り替えが、人類規模で必要となっているのです。

いずれ、人々の意識は、①「垂直志向」から「水平志向」へ、②「直線重視」から「曲線重視」へ、③「点思考」から「面思考」へと移り変わっていき、スローライフや人助け事業が産業の主流となるでしょう。

世界が大きく変化する時には、燃え尽きる寸前のローソクが炎を大きくするように、旧体制の残りカスが一挙に燃え上がりますから、その炎の勢いに惑わされないようにすることが肝心です。現在、世界各地で燃え上がっている宗教原理主義や武力主義といった熱狂（ファナティシズム）は、退場する男性思考の断末魔の叫びに等しいものなのです。

日本は明治維新以来、ほんの少し辛抱していれば始発列車の最先頭座席に乗り込めるところを、慌てて最終列車の最後尾に飛びつくような愚行を繰り返してきました。日本を二度とそうした愚行に走らせないためにも、各界のトップは確乎《かっこ》たる未来認識を持つべきなのです。孔子はこう述べています。

――**遠くを見据えて行動をしないと、必ず手近なところで躓《つまず》くことになる。**（衛霊公第一五―一二）

古今東西を問わず、不動の真理でしょう。

（1）トップがなすべき三ケ条

（一）組織内の文化を育てる。

（二）過去を見据え、未来を予測する。

（三）世界基準を打ち立て、それに向かって組織や国家を牽引《けんいん》する。

II　処世観を持とう

【処世観とは?】　処世観とは、ズバリ出処進退です。トップの出処進退はトップ自身が決めることですから、退《ひ》きぎわを知らない者がトップの座に就くことほど組織を劣化させる事態はありません。

私がまだ大学生だった高度成長期に、「銀座のバーでモテるのは副社長だ」というコラム記事がありました。高度成長でやたらと会社が増えたので、社長を名乗る飲み客は大勢い過ぎて信用できないが、副社長がいる会社なら大企業に間違いないから、副社長を名乗る客にはツケで飲ませても大丈夫だ、といった内容でした。ところがその後、社長の上に会長が誕生し、さらには顧問が誕生しました。その表向きの理由は、社長が本来の業務に専念できるように、会長が経済団体の仕事を担当し、顧問が政治家とのつき合いを担当するというものでした。しかし、その後も増殖はとどまる所を知らず、副会長が誕生し、顧問も特別顧問や最高顧問や終身顧問まで誕生して、今では社長はトップでなく、NO.5やNO.6の地位に下落しています。

原発事故の際に、電力会社の社長が会長の鶴の一声で交代させられて話題になりましたが、社長はお飾りでしかなかったのです。同様に顧問が一一人もいることが話題にもなりました。地位が人を育てると言いますが、これでは社長がトップの技量を身につけられないのは当然です。電力会社以外でも会長や顧問が院政を敷いている企業は珍しくありません。

では、いったいなぜ彼等は権力を手放さないのでしょうか？

【居座りの口実】　一九九七年に自主廃業し二〇〇五年に解散した大手証券会社や、二〇一一年に巨額の損失隠しが暴露された大手光学器機メーカーのように、失敗や不正を隠蔽するために当事者が長期間にわたって権力の座に居座り続けるというのは論外ですが、たとえ清廉潔白な者でも一人が長期間トップの座に居座り続けるというのは、組織の空気を澱《よど》ませずにはおきませんから、結果的には自らが生み出している不正を隠蔽《いんぺい》しているに等しいのです。個人営業をしているのならば生涯現役もやむを得ないでしょうが、組織においてトップが生涯現役であり続けるというのは百害あって一利なしです。

政治家が引退を表明しておきながら子供に地盤を継がせるのも、院政を敷いているのと変わりありません。どれほどの改革や刷新も、トップが交替をすることによってもたらせる新風には勝てないのです。芸能の分野だとて同様です。

孔子は、リーダーの「三戒」の三番目として、――**老年になると血気は衰えるが、代わりに頭をもたげてくるのが名誉欲だ。**（季氏第一六―七）――と指摘していますが、トップにゴマをする者は必ずいますから「余人をおいて代え難い」などとくすぐられてトップの座に居座り続けないように、トップたる者はよくよく自戒することです。

「後継者が育っていない」という口実もしばしば用いられます。この口実は、一九八二年に七五歳で死亡するまで一八年間ソ連のトップに居座り続けたブレジネフ書記長のお得意のセリフでした。実際には、彼は後継者になりそうな者を見つけては難癖をつけて次々に失脚させていたのです。長期間トップの座に居座っていながら後継者が育っていないということは、後継者を育てる能力を欠いているのですから、それだけでもトップ失格の要件です。

不祥事が起きると、それを解決するのがトップの責任だと称して居座るのもよく見受けられる口実ですが、辞任が最も明瞭かつ有効な解決方法です。トップが居座っていたのでは徹底した事実解明など絶対に不可能です。

孔子はトップの責任を極めて重く捉えており、周王朝を開いた武王の言葉を引用しています。

――**もしも民衆に過ちがあったなら、その罪は自分一人で引き受けます**。（堯曰第二〇―一）

明治や大正期の首相は、任命されると真っ先に日付なしの辞表を書き、それを懐にして組閣を始めたと伝えられていますが、そうした覚悟は現在においてもすべてのトップの座に就く者の心得であってもらいたいものです。

【分轄統治】 バブル経済期に、企業は執行部の役員数をやたらと増やし、それが大企業の証《あか》しであるかのような風潮がありましたが、執行部員の数を増やして後継候補者を分轄統治してトップの座に居座り続ける手口もしばしば見受けられます。

一九九一年に崩壊したソ連は、共産党が国家を乗っ取った政治形態で、党の政治局が最高意思決定機関でしたが、スターリンは基盤が危うくなるとそのメンバーを大幅に増やし、新旧のメンバーを反目させて権力を維持していました。

では、そうした動きを阻止するにはどうしたらよいのでしょうか？

――**正しからざる席や地位には就かない**。（郷党第一〇―九）――という『論語』の教えにある〈廉恥《れんち》〉意識を組織や社会文化として地道に養い育て上げていくことでしょう。

【廉恥心の喪失】　戦後の日本で、とりわけ政治の世界で失われたものの最たるものは〈廉恥心〉です。その消滅に一役買ったのは、第二次世界大戦中に書かれ、戦後の日本でベストセラーになったルース・ベネディクト氏の『菊と刀』でした。

ベネディクト氏は人類文化を「罪《つみ》の文化」と「恥《はじ》の文化」に二分し、「罪の文化」を人々が客観的な法に従って行動する優れた倫理性を持つ文化であるとし、「恥の文化」を人目を気にするだけで人が見ていないと何でもしでかす道徳的に劣った文化であると決めつけました。その上で、アメリカを「罪の文化」の典型国、日本を「恥の文化」の典型国として、アメリカに軍配を上げたのです。

彼女の手法は、比較すべき二者の一方の長所と他方の短所を比べて長所の側に軍配を上げる典型的なディベート論法です。「罪の文化」もマイナスに作用すれば、法律に触れないことなら何でもしたり、有能な弁護士を雇って罪を免れれば殺人を犯しても平然としているといった事態を招きますし、一方、「恥の文化」がプラスに作用すれば法とは無関係に深く反省することができます。『菊と刀』は戦意昂揚《せんいこうよう》のために書かれ書物ですから意識的に極端な比較がなされているとも言えますが、戦後に翻訳されると、敗戦に打ちひしがれた日本のインテリは『菊と刀』を比較文化論のバイブル扱いし、そこに書かれていることをすべて正しいとみなして、〈恥〉という概念を封建主義の遺物とみなして日本社会から放逐してしまったのです。

今日の世界は、「罪の文化」も「恥の文化」も共にマイナス面だけを突出させているとしか思えないような状態にありますが、だからなおのことトップの坐に就いた者は、〈廉恥心〉を高め、潔《いさぎよ》い出処進退を示すべきなのです。それができたなら、たとえ不祥事による引責辞任であっても、立派にトップとしての責務を果たしたとみなしてよいでしょう。孔子はこう述べています。

――**政治にたずさわる者が自ら道徳的であることを優先させて政治を行ったならば、北極星が何もせずとも、星々が北極星を中心に整然と巡っているように、世の中は滞《とどこお》りなく運営されていくものだ。**（為政第二―一）

トップは社会的に注目される地位であり、トップが我が身を潔く律すれば、天下を平らかにすることができると言うのです。身をもって「範《はん》を垂《た》れる」のがトップたる者の社会的責務なのです。

蛇足ながら、潔い退き方というのは責任の所在を明確にした退き方であり、責任をうやむやにするための「投げ出し」ではありません。「投げ出し」が「しがみつき」と表裏一体の無責任体質の産物であることは、相い継いで一年足らずで政権を投げ出した日本の首相たちが議員の職には平然としがみついていたことからも明らかでしょう。

【恥と体裁《ていさい》】　これも蛇足ながら言い添えておきますが、〈廉恥心〉と「体裁《ていさい》を繕《つくろ》うこと」とは似て非なるものです。ベネディクト氏は、恥の概念をまさに「体裁を繕《つくろう》うこと」だと誤解ないし曲解して「恥の文化」を劣ったものと決めつけているのです。昨今の若者たちが「空気を読む」と称して、言いたいことも言わないで周囲に合わせているのは、自分の意見を笑われやしないか仲間外れにされやしないかと体裁を優先させて、自分と周囲の双方を欺《あざむ》いているのですから、それこそ意気地のない「恥ずべき態度」と言うべきものです。

廉恥心は、強制されるべきものではありません。そうした強制は体裁を優先させたり、進取の気性や冒険心を削《そ》ぐことになりかねません。廉恥心は、年長者が自主的に身につけ、範を示すことによってのみ受け継がれていくものなのです。

内省を通しての〈恥〉という概念こそ、日本人が数百年にわたり『論語』から学び、受け継いできた最良の生活規範であり、日本が苦況に陥った時に、投げ出したり目をそむけたりすることをよしとせず、人々を奮い立たせてきた原動力でもあったです。

ひるがえって現在の日本を見ると、日本の悲劇は震災や原発事故による災害もさることながら、被災者をそっちのけにして政権争いや党内抗争に憂き身をやつしている我が身を恥ずかしいと思う政治家が皆無になってしまったことにあったのです。

廉恥心を持つということは、西郷隆盛氏のいう「天と競《きそ》え」ということでもあります。言い換えるなら、日本には人と競うことが許される中・下級段階のリーダーしか見当たらなくなってしまっているのです。

【世代交代】 トップの出処進退が重要であるのは、それが社会における円滑な世代交代を意味するからでもあります。革命や内乱は、円滑な世代交代が阻害されることによって引き起こされてきました。

晩年の孔子は自分の代では政治改革はできないと断念し、後世に夢を託すために私塾を開いたというのが定説になっていますが、むしろ世代交代を促進するために積極的に第一線から身を退《ひ》いたとみるべきかもしれません。孔子は弟子たちと望みを語り合った席で次のように自身の望みを披瀝《ひれき》しています。

――**自分は、年老いた者たちからは安心され、友人からは信頼され、子供たちからは慕《した》われるような人物になりたいものだ。**（公冶長第五―二六）

孔子が世代間のパイプ役になろうとしていたと読み取れるでしょう。いやしくもトップに昇りつめた者は、一身の栄達にしがみつくことを恥とし、組織の繁栄を、さらには一組織の繁栄を超え、社会や人類の発展と向上を目指して行動すべきなのです。

（2）廉恥心を養え。

※

◎**The 7th Stepのまとめ**

教訓30　トップがなすべきことは、以下の二点である。

（一）世界基準の創成。

（二）世代交代を円滑ならしめる潔《いさぎよ》い出処進退。

◇　◇

さて、いかがでしょうか。ここまで通読された読者は、いずれのステップにいるでしょうか。まずは、現在おかれているステップで身につけるべき要点をもう一度確かめてみてください。すでに通過しているステップでも、不足している部分があると思ったなら、それを活性化してみてください。そうした地道な行為こそが劣化した組織や国を立て直すもっとも速効的かつ堅実な方法であるのですから。あなたが少しでも前進発展すれば、社会も世界もその分だけ確実に前進発展するのですから――。

（了）

おわりに

資本主義は大きな資本を持つものが勝つ経済システムであり、資本の蓄積や運用の段階で弱肉強食になりがちなシステムです。民主主義は政治上の良きシステムですが、票目当てのポピュリズムや利権体質に陥る危険も秘めています。しかし、そうした欠陥を倫理や道徳で制御できれば資本主義も民主主義もまだまだ広く世界に受け入れられ、さらなる発展の余地を十分に残しています。そのための制御の倫理や道徳はプロテスタンティズムの倫理や道徳とは限りません。そもそも人が支持する倫理や道徳は似たり寄ったりなのです。ただし、倫理や道徳が自動的に制御してくれるのではありません。誤りを犯すのが人間ならば、それを正すのも人間なのです。

本書は、日本を立て直す方法を孔子の思想に基づいて示すことと、孔子の本来の教えを儒教のねじ曲げから解放することの二点を意図したものです。本来の孔子の教えは決して古臭いものではなく、現代においても極めて有益・有効なものなのです。

中国でも数年前から孔子が脚光を浴び、二〇一一年一月には天安門前広場の東側にある中国国家博物館の前に高さ九・五メートル総重量一七トンもの巨大な孔子の石像が盛大な式典の下に安置されました。ところが、三ヶ月後の四月下旬の夜半に石像は秘かに撤去されて博物館の中庭に移されてしまいました。九月には「孔子平和賞」の推進組織が活動禁止処分を受けました。この賞は前年の二〇一〇年にノーベル平和賞が反体制活動家の劉暁波《りゅうぎょうは》氏に与えられたのを契機に北京大学の教授たちが「中国でも独自の平和賞を持とう」と唱えて創設したもので、当初は政府も支持していたのです。一〇月には新たに文化省の関連団体が「孔子世界平和賞」を創設したと発表しましたが、わずか一日で活動中止が公表されました。一一月には先に活動禁止になった「孔子平和賞」が選考委員の顔ぶれは元のままで香港の民間団体によって復活されました。ちなみに選考委員会主席は孔子の第七三代の子孫を名乗る北京大学文学部教授の孔慶東氏（当時四八歳）でした。一方、海外では中国政府の主導で中国語と中国文化を広める拠点として「孔子学院」が造られ、二〇一一年一二月時点で、その数は一〇五ヶ国三五〇ヶ所に及んでいます。

このように、中国では共産主義に代わるイデオロギーとして、政府と民主派との間で孔子の奪い合いが始まっているのです。政府側も一枚岩ではなく、毛沢東支持の保守派と改革派との間で軋轢《あつれき》が生じています。軍部も必ずしも一枚岩ではありません。一九六〇年代の文化大革命時代にも孔子は政治的に利用されましたが、中国で孔子の教えが本来の姿を取り戻すのは、まだまだ先のことでしょう。

さて、日本は未曾有の震災と人災に見舞われましたが、それで日本が消滅するわけでも、人類が歴史の歩みを止めるわけでもありません。私たちは人災を正し、社会システムを立て直して、より良い社会の実現を力強く目指すべきです。それが数多くの死者の鎮魂にもなり、世界からの援助に対する最上の答礼にもなるはずです。

最後に、私は本書で一二代目の孔安国《こうあんこく》を孔子の本来の教えをねじ曲げた不肖の子孫と糾弾しましたが、少しばかりプラス面も記しておきましょう。

孔子を権力側に取り入れた最初の人物は、じつは漢王朝を開いた高祖でした。高祖は漢王朝を文化的に見せるために孔子の九代目子孫の孔騰《とう》に「奉祠君《ほうしくん》」という爵位を与えて貴族に抜擢したのです。しかしこの時点では、高祖をはじめ多くの人々は後に道教となる「黄老《こうろう》の教え」を信じており、孔子の教えはさして広まりませんでした。そうして登場したのが、第七代皇帝の武帝に引き立てられた孔安国だったのです。孔安国は武帝の厚遇に報いるためと言うよりも、孔家の安泰を図るためだったと思うのですが、孔子の教えを支配者側に都合よく解釈しました。そのお蔭で孔家は国家イデオロギーの家元《いえもと》となり、王朝が替わっても「天下第一の家」として特別あつかいされるようになり、ついには皇帝と姻戚関係まで結んだのです。その結果、根拠地の曲阜《きょくふ》は全国から崇拝者が訪れる聖地となり、町は世界遺産に、直系は七九代を数えて世界最長の家系としてギネスブックに登録され、孔姓を名乗る子孫は世界中に二〇〇万人以上も存在するようになったのです。つまり、孔安国は孔子をブランドとして売り出した世界最初のブランド考案者であり、かつ観光ビジネスおよび教育ビジネスの創始者と言ってもよい人物だったのです。

佐久　協

著者について

佐久 協（さく・やすし）

一九四四年、東京生まれ。慶應義塾大学文学部卒業後、同大学院で中国文学・国文科を専攻。大学院修了後、慶應義塾高校で教職に就き、国語・漢文・中国語などを教える。在職中は生徒の人気ナンバーワン教師にも選ばれた。退職後に執筆した『高校生が感動した「論語」』（祥伝社）がベストセラーとなる。またNHKでも『論語』の講座を担当。他に『ビジネスマンが泣いた「唐詩」』『「孟子」は人を強くする』『文系も知って得する理系の法則』（共に祥伝社）、『世界一やさしい「論語」の授業』『論語の教え』（共にKKベストセラーズ）など著書は多数。現在、米国・シアトル在住。

21世紀《せいき》の論語《ろんご》

孔子が教えるリーダーの条件

二〇一三年一一月二〇日初版

著者　佐久協

発行者　株式会社晶文社

東京都千代田区神田神保町一―一一

電話（〇三）三五一八―四九四〇（代表）・四九四二（編集）

URL http://www.shobunsha.co.jp

印刷　株式会社ダイトー

製本　株式会社宮田製本所

ISBN978-4-7949-6835-7　Printed in Japan